기술직공무원 전공모의고사

합격해

vol.1

보건행정

최종모의고사 ⑩

기술직공무원 전공모의고사

합격해 vol.1

보건행정

최종모의고사 ⑩

2판 1쇄 2024년 7월 10일

편저자_ 안진아
발행인_ 원석주
발행처_ 하이앤북
주소_ 서울시 영등포구 영등포로 347 한독타워 11층
고객센터_ 1588-6671
팩스_ 02-841-6897
출판등록_ 2018년 4월 30일 제2018-000066호
홈페이지_ gosi.daebanggosi.com

ISBN_ 979-11-6533-484-0

정가_ 11,000원

기술직 공무원 시험을 준비하는 분들의 고민들 중 하나가 바로 제대로 된 문제집을 선택하는 것입니다. 수험생 여러분의 이러한 고충을 지켜보면서 적중률에 완벽을 기하면서도 핵심적인 내용으로 구성된 문제집을 만들고자 부단히 노력하였습니다.

본교재의 특징은 다음과 같습니다.

1. 출제경향을 반영한 기출동형 모의고사

출제빈도가 높았던 영역과 앞으로 출제 가능성이 높은 부분을 중심으로, 기출의 유형을 최대한 반영한 문제들로 구성하여 스스로 모의시험을 치를 수 있도록 연구하였습니다. 또한 권말의 OMR 답안지를 활용하여 최대한 실제 시험과 같은 환경에서 문제를 풀어보기를 권합니다.

2. 충분한 문제풀이 연습

총 10회의 모의고사를 실어 충분한 문제풀이 연습을 할 수 있도록 하였습니다. 이 책은 시험을 목전에 둔 수험생들에게는 그동안 공부한 내용을 마무리 지을 수 있는 마침표가 될 것입니다. 또한 새로 공부를 시작하는 수험생들에게도 시험의 경향을 파악하고 본인의 실력을 가늠해 볼 수 있는 좋은 길잡이가 될 것입니다.

3. 이해 중심의 확실한 해설

문제 해결 방법을 익힐 수 있도록 이해 중심의 확실한 해설을 수록하였습니다. 틀리지 않은 문제일지라도 해설을 확인한 후 자신이 생각했던 것과 풀이한 내용이 일치하는지 확인하여야 하고, 틀린 문제의 경우 바로 해설을 확인하지 말고 스스로 정답을 다시 찾아본 후 해설을 확인하여 이후에 유사한 문제를 접했을 때 충분히 대비할 수 있도록 해야 합니다.

본 문제집은 인생의 터닝 포인트에 서 있는 여러분의 간절함과 긴박함을 돕고 싶은 마음의 표현이기도 합니다. 무엇보다 뜨거운 열정으로 합격이라는 도착점에 도달할 때까지 길고 긴 여정을 묵묵히 걸어가는 수험생 여러분들께 진심 어린 격려의 박수를 아낌없이 보내 드리며, 건승하시길 진심으로 바랍니다.

'전공모의고사 합격해' 저자 일동

Overview
구성과 특징

Point 1

출제경향을 반영한 기출동형 모의고사!

과년도 출제경향을 꼼꼼히 분석하여
기출동형으로 구성한 모의고사 문제집입니다.
출제가능성이 높고 핵심적인 문제들로
구성하였습니다.

Point 2

이해중심의 확실한 해설!

이해 중심의 확실한 해설로
문제 해결 방법과 전략을 익힐 수 있고
틀린 문제의 원인을 확실하게 파악하고
넘어갈 수 있도록 집필하였습니다.

Point 3

답안지 작성 연습까지 완벽하게!

공무원 시험은 시간 배분이 중요합니다.
권말에 수록한 OMR 답안지를 활용하여
실전과 같은 시험시간 안에
답안지 작성 연습까지 진행하세요.

Contents
차례

합격해

보건행정

전공모의고사
vol.1

제1회 최종모의고사

응시번호 _____ 성명 _____ 점수 _____ 점

01. 다음 중 「지역보건법」에 따라 시행되는 지역사회 건강실태조사의 내용으로 옳지 않은 것은?

① 보건복지부장관은 지역보건법에 따른 지역사회 건강실태조사를 3년마다 지방자치단체의 장에게 협조를 요청하여 실시한다.

② 지방자치단체의 장은 매년 보건소를 통하여 지역 주민을 대상으로 지역사회 건강실태조사를 실시하여야 한다.

③ 지역사회 건강실태조사는 표본조사를 원칙으로 하되, 필요한 경우에는 전수조사를 할 수 있다.

④ 지역사회 건강실태조사의 내용에는 흡연, 음주 등 건강 관련 생활습관에 관한 사항이 포함되어야 한다.

02. 의료기관인증제도에 대한 설명으로 옳지 않은 것은?

① 의료기관의 자율신청에 의해 조사일정을 수립하여 서면 및 현지조사를 실시한다.

② 조사 및 평가 결과에 따라 인증, 조건부 인증, 불인증의 3개 등급으로 분류된다.

③ 의료기관 인증에 소요되는 경비는 인증주기 내 1회 공단이 부담한다.

④ 인증기준 필수항목에서 '하'가 1개 이상이면 불인증에 해당한다.

03. 에치오니(Amitai Etzioni)가 분류한 조직유형 중 규범적 조직으로 옳지 않은 것은?

① 학교　　　　　② 종교단체
③ 이익단체　　　④ 전문적 조직

04. 계몽주의 시대의 인물과 저서의 연결이 옳지 않은 것은?

① 프랭크(Frank) – 전의사경찰체계
② 필립 피넬(Philippe Pinel) – 정신병의 의학 및 철학적 고찰
③ 채드윅(Edwin Chadwick) – 영국노동자 위생상태보고서
④ 라마찌니(Ramazzini) – 직업인의 질병

05. 다음에서 설명하는 의사결정 기법은 무엇인가?

> 주요 변수 간의 상관관계를 선형 방정식으로 나타내고 주어진 제약조건 하에서 이윤극대화 또는 비용극소화를 위한 자원의 최적배분을 찾아내는 데 활용하는 수리적 분석기법이다.

① 의사결정나무　　② 선형계획
③ PERT　　　　　　④ 대기행렬이론

06. 예산집행의 신축성 확보를 위한 방안으로 적절하지 않은 것은?

① 이용　　　　　② 수정예산
③ 계속비　　　　④ 추가경정예산

07. 진료비 지불제도에 대한 설명으로 옳은 것은?

① 행위별수가제는 진료비 산정의 간소화로 행정비용이 절감된다.

② 인두제는 의료인의 재량권이 최대화되고 환자에 대한 진료 책임이 극대화된다.

③ 포괄수가제는 환자와 의사 간의 지속적인 관계가 유지된다.

④ 총액계약제는 의료공급자의 자율적 규제가 가능해진다.

08. 우리나라 건강보험제도에 대한 설명으로 옳지 않은 것은?

① 모든 국민을 국민건강보험법에 근거하여 강제로 가입시킴으로써 역선택을 방지하고 있다.

② 보험료는 경제적인 능력에 비례하여 부과하고, 보험급여는 보험료 부과수준에 따라 비례하게 주어지도록 하여 형평성을 유지하고 있다.

③ 보험료 부과방식은 직장가입자와 지역가입자로 이원화되어 있다.

④ 예방보다는 치료중심의 급여제도이다.

09. 다음 중 신고전적 조직이론에 대한 설명으로 옳은 것은?

① 조직의 구조적 또는 기계적인 관점을 대표하는 초기의 행정이론이다.

② 외부환경보다는 조직 내부의 공식적 구조관리에 초점을 두었다.

③ 인간을 경제적 유인에 의해 동기가 유발되는 기계적이고 타산적인 존재로 가정하였다.

④ 구성원을 개체가 아닌 집단의 일원으로 인식하여 인간중심적인 리더십을 중시하였다.

10. 직무수행능력을 중심으로 하면서 인적 요소를 반영하는 보수체계는 무엇인가?

① 연공급 ② 직무급
③ 직능급 ④ 생활급

11. 조직목표를 창도하고 신념의 추진력을 가지고 장기적 생존을 위해 전략의 수립과 실천을 중요시하는 리더십은 무엇인가?

① 전략적 리더십
② 서번트 리더십
③ 임파워먼트 리더십
④ 카리스마적 리더십

12. 보건의료체계의 투입 – 산출모델의 연결이 옳지 않은 것은?

① 투입 – 인구집단 또는 환자
② 과정 – 환자와 공급자간의 상호작용이 일어나는 것
③ 중간결과 – 효과
④ 최종결과 – 효율

13. 우리나라 경상의료비 통계에 포함되는 항목으로 옳은 것은?

ㄱ. 건강보험료	ㄴ. 자동차책임보험
ㄷ. 민간보험	ㄹ. 산재보험

① ㄱ, ㄴ, ㄷ ② ㄱ, ㄷ
③ ㄴ, ㄹ ④ ㄱ, ㄴ, ㄷ, ㄹ

14. 우리나라의 의료급여제도에 대한 설명으로 옳지 않은 것은?

① 수입이 적어 자력으로 생활하기 곤란한 자만을 대상으로 하여 의료를 무상으로 제공하거나 일정한 금액만을 본인이 부담하게 하는 제도이다.
② 의료급여 수급권자의 질병 · 부상 · 출산 등에 대한 의료급여를 제공한다.
③ 시장 · 군수 · 구청장은 수급권자에 대하여 질병의 조기발견과 그에 따른 의료급여를 하기 위하여 건강검진을 할 수 있다.
④ 1종 수급권자는 외래진료에 대해서만 본인부담금을 부과하고, 입원진료는 식대를 제외하고는 본인부담이 없다.

15. 베버리지의 사회보장원칙에 해당하지 않는 것은?

① 정액급여의 원칙
② 정률기여의 원칙
③ 행정책임통합의 원칙
④ 포괄성의 원칙

16. 프레서스의 조직인 성격유형 중 조직에 적극 참여하는 유형으로 권력지향적이며 승진에 대한 욕구가 강한 유형은?

① 경제적인간형
② 상승형
③ 창도가형
④ 애매형

17. 조직의 관리기법 중 총체적 품질관리의 특징으로 옳은 것은?

가. 장기적 시간관	나. 예방적 통제
다. 집단적 노력	라. 지속적 개선

① 가, 나, 다
② 가, 다
③ 나, 라
④ 가, 나, 다, 라

18. 직무수행과 관련된 평정요소를 나열하고 각각에 대한 등급을 표시하는 평정척도법은?

① 체크리스트평정법
② 직무기준법
③ 도표식평정척도법
④ 행태기준평정척도법

19. 「국민건강보험법」에 다른 국민건강보험공단의 업무로 옳은 것은?

ㄱ. 보험급여 관리
ㄴ. 의료시설의 운영
ㄷ. 건강보험에 관한 교육훈련
ㄹ. 요양급여 적정성 평가

① ㄱ, ㄴ, ㄷ
② ㄱ, ㄷ
③ ㄴ, ㄷ
④ ㄱ, ㄴ, ㄷ, ㄹ

20. 행정부 중심의 예산원칙에 해당하지 않는 것은?

① 사전승인의 원칙
② 수단 구비의 원칙
③ 시기신축성의 원칙
④ 다원적 절차의 원칙

제2회 최종모의고사

응시번호 _____ 성명 _____ 점수 _____ 점

01. 다음 중 경력개발의 2가지 주요 목적으로 옳은 것은?

① 인재확보 및 배치, 종업원의 성취동기 유발
② 승진경로 확보, 후진양성의 기회
③ 경력기회 개발, 인재적재적소 배치
④ 잠재적 개인능력 개발, 자율적인 인재양성

02. 우리나라 보건행정에서 보건소의 역할은?

① 사업계획
② 사업감독
③ 사업수행
④ 사업평가

03. 보건행정의 운영원리로 옳지 않은 것은?

① 사회국가의 원리
② 법률적합성의 원칙
③ 평등의 원칙
④ 과잉급부의 원칙

04. 다음 중 보건복지부 소속기관 및 산하기관에 해당하지 않는 것은?

① 국립정신건강센터
② 한국산업인력공단
③ 국민건강보험공단
④ 국민연금공단

05. 우리나라 국민건강보험제도의 보험급여의 내용에 포함되는 것을 모두 고른 것은?

가. 요양급여	나. 선별급여
다. 방문요양급여	라. 요양비
마. 건강검진	바. 장해급여

① 가, 나, 다
② 가, 라, 마
③ 가, 나, 다, 라, 마
④ 가, 나, 다, 라, 마, 바

06. 병원의 재무상태와 운영성과를 나타내기 위하여 작성하여야 하는 재무제표 중 재무상태표에 포함되어야 할 내용에 해당하는 것은?

가. 자산	나. 수익
다. 자본	라. 비용

① 가, 나, 다
② 가, 다
③ 나, 라
④ 가, 나, 다, 라

07. 다음 중 직위분류제에 대한 설명으로 옳은 것은?

① 일반행정가를 양성한다.
② 직업공무원제를 채택하기 용이하다.
③ 개방형 인사제도이다.
④ 인간을 중심으로한 분류이다.

08. 앨리슨(Allison)의 정책결정모형에 대한 설명으로 옳은 것은?

① 합리모형은 조직을 느슨하게 연결된 하위조직들의 연합체로 본다.
② 조직모형에서는 목표의 공유도가 약하다고 전제한다.
③ 정치모형은 권력이 최고지도자에게 집중된 것으로 본다.
④ 정치모형은 하위계층에 적용 가능성이 높은 모형이다.

09. 정책의 집행과정에서 순응의 발생요인에 해당하지 않는 것은?

① 개인적 이익의 추구
② 합리적 설득
③ 처벌과 강압
④ 집행의 일관성

10. Schein이 분류한 인간관으로 옳은 것은?

① 합리적 경제적 인간, 사회적 인간, 자아실현 인간, 복잡한 인간
② 등격형, 현상유지형, 열중형, 창도가형, 경세가형
③ 작전인, 반응인, 괄호인
④ x인간, y인간

11. 보건의료서비스는 공공재적 성격을 가지고 있다. 공공재의 특성에 대한 설명으로 옳지 않은 것은?

① 생산과 소비가 동시에 이루어져 축적되지 않는 성격을 갖고 있다.
② 누구도 소비로부터 배제될 수 없는 비배제성과 대가의 지불 없이도 이용과 소비가 지장 받지 않는 무임승차문제가 제기된다.
③ 타인의 소비로 자신의 소비가 지장을 받지 않는 비경합성의 속성이 있다.
④ 인간의 생존에 필수적이며, 인간이 인간다운 생활을 하기 위해 반드시 향유해야 하는 재화를 의미한다.

12. 조선말기의 보건의료 관련 주요 사건의 내용으로 옳지 않은 것은?

① 1879년 지석영에 의해 최초의 종두법이 실시되었다.
② 내부에 위생부가 신설되어 최초의 근대적 의미의 보건행정기관으로서의 역할을 하였다.
③ 광제원은 일반 환자를 구료하는 외에 전염병을 취급하였다.
④ 최초의 서양식 국립의료기관인 광혜원이 설립되었다.

13. 다음 중 「지역보건법」에 따른 보건소의 기능 및 업무에 해당하지 않는 것은?

① 건강 친화적인 지역사회 여건의 조성
② 지역사회 건강실태조사 등 보건의료 및 건강증진에 관한 중장기 계획수립
③ 의료기사 · 보건의료정보관리사 및 안경사 등의 면허에 관한 사항
④ 감염병의 예방 및 관리

14. 건강보험제도하에서 피보험자의 도덕적 해이로 인한 의료남용을 방지하기 위한 제도 중 의료비가 일정 수준에 이르기까지는 보험적용을 하지 않고 일정금액 이상의 비용만 보험급여로 인정하는 제도는?

① 정률부담제
② 급여상한제
③ 일정액공제제
④ 정액부담제

15. 다음 중 최고관리층 리더십의 기능에 해당하는 것은?

① 자원의 동원
② 전문가로서 조언
③ 사업의 감독
④ 일선직원들에게 업무 분담

16. 다음 중 제9차 건강증진 국제회의인 상하이 회의에서 제시된 건강도시 실현의 우선순위에 해당하지 않는 것은?

① 어린이에게 투자하는 것
② 여성과 청소년 여학생에게 안전한 환경을 조성하는 것
③ 금연 환경을 조성하는 것
④ 깨끗하고 안전하며 질 높은 도시의 물리적 환경

17. 조직의 발전을 위한 기법 중 총체적 품질관리의 원칙으로 옳지 않은 것은?

① 효과지향
② 체제적 사고
③ 지속적 개선
④ 조직구성원의 참여 강화

18. 앤더슨의 의료이용 모형 중 가능성 요인에 해당하지 않는 것은?

① 교육수준
② 소득
③ 건강보험
④ 주치의의 유무

19. 다음 중 보건의료조직의 특징으로 옳지 않은 것은?

① 인간이 주된 서비스 대상이다.
② 단일한 목표를 추구한다.
③ 다양한 직종이 있으며 그로 인해 갈등이 상존하며 전문직의 권한이 우위에 있다.
④ 통제와 조정이 어렵다.

20. 다음 중 「의료법」에 따른 상급종합병원에 대한 규정으로 옳은 것은?

① 종합병원 중에서 특정질환에 대한 난이도가 높은 의료행위를 전문적으로 하는 종합병원이다.
② 대통령령으로 정하는 20개 이상의 진료과목을 갖추고 각 진료과목마다 전속하는 전문의를 두어야 한다.
③ 대학에 소속된 병원이어야 한다.
④ 질병군별 환자구성 비율이 보건복지부령으로 정하는 기준에 해당해야 한다.

제3회 최종모의고사

응시번호 _____ 성명 _____ 점수 _____ 점

01. 각 국가가 국민들의 건강증진을 성취하기 위해 준수해야 할 원칙 중의 하나로서 본인과 가족의 건강을 유지할 수 있게 하는 것을 그들의 권리로서 인정하며 이들이 스스로 건강관리에 적극 참여하며 자신들의 행동에 책임을 느끼게 하는 것은?

① 옹호(advocacy)
② 역량강화(empowerment)
③ 연합(alliance)
④ 지속성(continuity)

02. 고전적으로 공식구조에서 강조되어 온 조직의 원리 중 조정의 원리를 실시하는 궁극적인 목적은?

① 전문성 제고
② 구성원의 행동통일
③ 신중한 의사결정
④ 지도력 강화

03. 세계보건기구(WHO)에 대한 설명으로 옳지 않은 것은?

① 최고의사결정기구인 세계보건총회(WHA)는 매년 5월에 스위스 제네바에서 개최된다.
② 한국은 서태평양 지역사무소에 소속되어 있고, 북한은 동남아시아 지역사무소에 소속되어 있다.
③ 정규예산의 대부분은 세계은행과 유엔개발계획(UNDP)의 지원금으로 이루어진다.
④ 세계보건기구의 주요보건사업에는 결핵관리사업, 말라리아 사업이 포함된다.

04. 보건의료에 대한 설명으로 옳지 않은 것은?

① 의료시장은 소비자와 공급자 간의 정보가 불균등하게 분포되어 있어 소비자의 무지가 존재한다.
② 수요에 비해 공급이 부족하면 공급자에 의한 과잉진료가 발생한다.
③ 보건의료서비스 중 공공을 대상으로 하는 사업은 비배제성, 비경합성의 특성을 가지고 있다.
④ 보건의료 부문에 있어서의 시장실패로 인해 인력, 시설, 기술과 같은 보건의료자원의 배분을 전적으로 자유시장 기능에 일임시킬 수 없기 때문에 보건의료는 정부 공공정책의 주요 정책대상이 되고 있다.

05. 다음 중 질병관리청의 핵심사업에 해당하지 않는 것은?

① 의료감염 관리 및 항생제 내성 예방
② 공공보건의료에 관한 임상진료지침의 개발 및 보급
③ 4차 산업혁명 대비 첨단의료 연구 강화
④ 고혈압, 당뇨병 등 만성질환 예방관리

06. 우리나라 공공보건의료기관의 설치기준 등에 대한 설명으로 옳지 않은 것은?

① 보건소는 시·군·구별 1개소씩 설치하되 시장·군수·구청장이 지역주민의 보건의료를 위하여 특히 필요하다고 인정하는 경우에는 추가로 설치·운영할 수 있다.

② 보건지소는 읍·면별 1개소씩 설치하되 시장·군수·구청장은 지역주민의 보건의료를 위하여 필요하다고 인정하는 경우 수개의 보건지소를 통합하여 1개의 통합보건지소를 설치·운영할 수 있다.

③ 보건진료소는 의료취약지역을 인구 500인 미만을 기준으로 구분한 하나 또는 여러 개의 리·동을 관할구역으로 하여 주민의 의료이용이 편리한 장소에 설치한다.

④ 보건소, 보건지소의 설치 근거 법령은 「지역보건법」이고, 보건진료소의 설치 근거 법령은 「농어촌 등 보건의료를 위한 특별법」이다.

07. 사회보장제도는 소득의 재분배기능을 갖는다. 다음 중 사회보장제도를 통해 얻을 수 있는 재분배 유형이 아닌 것은?

① 세대 간 재분배
② 수평적 재분배
③ 수직적 재분배
④ 역진적 재분배

08. 우리나라의 의료보험 도입 역사 속에서 도시자영업자의 의료보험이 시작된 연도는 언제인가?

① 1977년　　　② 1979년
③ 1988년　　　④ 1989년

09. 회계연도 개시 이전까지 예산이 국회에서 의결되지 못했을 경우 정부가 국회에서 예산안이 의결될 때까지 전년도 예산에 준하는 경비를 지출할 수 있게 하는 제도는 무엇인가?

① 가예산　　　② 준예산
③ 본예산　　　④ 잠정예산

10. 다음 중 정책의 유형에 해당하는 정책 예시가 적절하지 않은 것은?

① 분배정책 – 지방자치단체 국고보조금
② 재분배정책 – 임대주택 건설
③ 구성정책 – 공중보건의제도
④ 추출정책 – 조세제도

11. 작업의 과학화를 통해 표준화된 작업을 관리하여 생산성 향상을 도모하려 했던 조직이론은?

① 고전적 조직이론
② 신고전적 조직이론
③ 체제이론
④ 상황이론

12. Suchman의 보건사업 평가 기준 중 효과 있는 사업 활동이 얼마나 수요를 충족했는가를 판단하는 평가항목은 무엇인가?

① 업무량(effort) 평가
② 성과(performance) 평가
③ 성과의 충족량(adequacy of performance) 평가
④ 효율성(efficiency) 평가

13. 건강보험 요양급여 절차에 따라 1단계요양급여를 받은 후 2단계 요양급여를 받아야 하지만, 예외적으로 1단계를 거치지 않고 상급종합병원에서 요양급여를 받을 수 있는 경우에 해당하는 경우가 아닌 것은?

① 치과에서 요양급여를 받는 경우
② 가정의학과에서 요양급여를 받는 경우
③ 당해 요양기관에 근무하는 가입자가 요양급여를 받는 경우
④ 퇴행성 근골격계 질환자가 물리치료를 위해 재활의학과에서 요양급여를 받는 경우

14. '무제도의 제도'라고 불리며 의료기관에 대한 국민의 자유선택권이 최대화되고 의학의 발달 등을 가져오는 장점이 있는 의료전달 체계의 유형은?

① 합리주의형
② 사회보장형
③ 사회주의형
④ 자유방임형

15. 건강보험의 본질적 특징으로 옳지 않은 것은?

① 건강보험은 질병과 상해를 보험사고로 하는 사회보험의 하나이다.
② 예측이 불가능하고 우발적인 일시적 질병 및 상해로 인한 경제적 위험에 대비하기 위한 제도이다.
③ 보험이란 다수원칙에 의해 개인의 위험도를 감소시키는 것이다.
④ 보험사고는 예측가능해야 한다.

16. 정책결정의 점증모형에 대한 설명으로 옳은 것은?

① 비교적 한정된 수의 정책대안만 검토한다.
② 현실적으로 제한된 합리성을 추구한다.
③ 합리적 모형과 초합리적 모형을 함께 고려한다.
④ 의사결정자의 전지전능성의 가정을 전제로 한다.

17. 블라우와 스코트(Peter Blau & Richard Scott)가 분류한 조직의 유형 중 일반 행정기관, 군대, 경찰서 등은 무슨 조직으로 분류하였는가?

① 호혜적 조직
② 서비스조직
③ 공익조직
④ 강제적 조직

18. SWOT분석 결과를 토대로 조직의 사업구조와 사업영역을 확장해 나가기 위한 계획을 수립하였다면 어떤 전략에 해당하는가?

① SO전략
② ST전략
③ WO전략
④ WT전략

19. 동기부여이론 중 McClelland가 주장한 성취동기가 강한 사람의 특징으로 옳지 않은 것은?

① 구체적인 피드백을 선호하지 않는다.
② 성공에 대한 강한 욕구를 가지고 있다.
③ 변화를 추구하고 미래지향적이다.
④ 성취목표를 설정하고 계산된 모험을 선호한다.

20. 제5차국건강증진종합계획(Health Plan 2030)의 분과별 중점과제의 연결이 옳지 않은 것은?

① 건강생활실천 – 신체활동, 구강건강

② 비감염성질환 예방관리 – 정신건강, 비만

③ 감염 및 환경성질환 예방관리 – 감염병위기대비 대응

④ 인구집단별 건강관리 – 영유아, 장애인, 군인

제4회 최종모의고사

응시번호_____ 성명_____ 점수_____점

01. 보건의료서비스와 재화의 소비를 위한 국민 전체의 1년간의 지출 총액을 지칭하는 것은?

    ① 개인의료비
    ② 국민의료비
    ③ 집합보건의료비
    ④ 경상의료비

02. 「의료법」에 따른 의료기관에 대한 설명으로 옳은 것은?

    ① 의원급 의료기관은 의사, 치과의사 또는 한의사가 주로 입원환자를 대상으로 그 의료행위를 하는 의료기관이다.
    ② 병원, 치과병원, 한방병원, 요양병원은 30개 이상의 병상을 갖추어야 한다.
    ③ 100개 이상 300병상 이하의 종합병원은 내과, 외과, 소아청소년과, 산부인과 중 3개 진료과목과 영상의학과, 마취통증의학과, 진단검사의학과 또는 병리과를 포함한 8개 이상의 진료과목을 갖추고 각 진료과목 마다 전속하는 전문의를 두어야 한다.
    ④ 상급종합병원은 종합병원 중에서 중증질환에 대하여 난이도가 높은 의료행위를 전문적으로 하는 종합병원이다.

03. 다음 중 사회보장의 부정적 기능에 해당하지 않는 것은?

    ① 빈곤의 함정
    ② 근로의욕 감소
    ③ 사회적 연대기능
    ④ 도덕적 해이

04. 조직의 구조 중 기계적 구조와 유기적 구조에 대한 설명으로 가장 옳지 않은 것은?

    ① 기계적 구조의 조직은 엄격히 규정된 직무를 수행한다.
    ② 유기적 구조의 조직은 분명한 명령체계와 낮은 팀워크를 특징으로 한다.
    ③ 기계적 구조의 조직은 표준운영절차에 따라 업무를 처리한다.
    ④ 유기적 구조의 조직은 공식화가 낮고 분권적이다.

05. 다음 중 정책의 유형에 따른 정책예시의 연결이 가장 옳지 않은 것은?

    ① 분배정책 – 벤처기업 창업지원금
    ② 재분배정책 – 임대주택 건설
    ③ 구성정책 – 공직자의 보수 책정
    ④ 상징정책 – 공중보건의 제도

06. 다음 중 프라이(John Fry)의 의료전달체계의 유형에 해당하지 않는 것은?

    ① 자유방임형
    ② 사회보장형
    ③ 사회보험형
    ④ 사회주의형

07. 회계형태에 따른 예산에 대한 설명으로 가장 옳은 것은?

① 일반회계는 국가의 고유기능을 수행하기 위해 필요한 예산으로 국회의 결산심의와 승인을 받는다.
② 특별회계는 특정한 수입과 특정한 지출의 연계가 배제한다.
③ 기금은 국회의 결산심의와 승인이 불필요하다.
④ 특별회계는 합목적성 차원에서 집행절차가 상대적으로 자율적이고 탄력적이다.

08. 「국민건강증진법」에 근거한 국민건강증진종합계획의 수립에 대한 내용으로 가장 옳지 않은 것은?

① 보건복지부장관은 국민건강증진정책심의위원회의 심의를 거쳐 국민건강증진종합계획을 10년마다 수립하여야 한다.
② 종합계획에 아동 · 여성 · 노인 · 장애인 등 건강취약 집단이나 계층에 대한 건강증진 지원방안을 포함하여야 한다.
③ 시 · 도지사, 시장 · 군수 · 구청장은 주요시책의 실행계획을 매년 수립 · 시행하여야 한다.
④ 국가는 실행계획의 시행에 필요한 비용의 전부 또는 일부를 지방자치단체에 보조할 수 있다.

09. 동기부여이론에 대한 설명으로 가장 옳은 것은?

① 허츠버그의 2요인 이론: 조직 구성원에게 불만을 주는 위생요인과 만족을 주는 동기요인은 상호작용을 하는 관계에 있다.
② 맥클리랜드의 성취동기이론: 모든 사람이 비슷한 욕구와 계층을 가지고 있다는 전제로 욕구의 유형들을 성취욕구, 권력욕구, 친교욕구로 분류하였다.
③ 포터와 로울러의 업적−만족이론: 성과가 만족으로 이어진다는 관점이다.
④ 브룸의 기대이론: 기대, 수단성, 유인가의 세 가지 변수 중 한가지 변수의 값만 높아도 동기부여 수준이 높아진다.

10. 다음 설명에 해당하는 의료제공의 유형은?

> 미국의 건강유지기구(HMO)는 의료기관을 소유하여 적용자에게 의료서비스를 제공한다.

① 변이형
② 현물급여형
③ 현금급여형
④ 상환제

11. 건강보험 급여를 개인의 지불능력과 상관없이 언제 어디서나 필요에 따라 제공받을 수 있는 기회가 모든 국민에게 보장되어야 하는 것은 건강보험의 어떠한 요건에 대한 설명인가?

① 접근성의 보장
② 효율성의 확보
③ 형평성의 확보
④ 지속가능성의 확보

12. 다음 중 노인장기요양보험의 급여 수급자에 해당하지 않는 사람은?

① 65세 이상의 노인
② 치매를 가진 50세의 노인
③ 치매를 가진 65세의 노인
④ 뇌졸중을 가진 65세의 노인

13. 인사행정제도 중 실적주의에 대한 설명으로 옳은 것은?

> ㄱ. 행정의 계속성과 공무원의 직업적 안정성을 유지하는 데 크게 기여한다.
> ㄴ. 공직취임의 기회균등을 보장한다.
> ㄷ. 공무원의 자질과 입무능력의 향상에 기여한다.
> ㄹ. 민주주의 발전에 기여한다.

① ㄱ, ㄴ, ㄷ   ② ㄱ, ㄷ
③ ㄴ, ㄹ   ④ ㄱ, ㄴ, ㄷ, ㄹ

14. 고객에 대한 서비스 품질향상을 목표로 조직 내 모든 사람이 참여하여 지속적으로 업무수행방식을 개선하고자 하는 관리방식은 무엇인가?

① 목표관리(MBO)
② 총체적 품질관리(TQM)
③ 스왓관리(SWOT)
④ 전사적 자원관리(ERP)

15. 조직의 리더십 중 최고관리층 리더십에 대한 내용으로 가장 옳지 않은 것은?

① 보건행정의 경우 장·차관을 대상으로 생각할 수 있다.
② 조직의 목표 및 정책을 설정한다.
③ 기술자나 전문성을 가진 전문가여야 한다.
④ 자원을 동원하는 기능을 한다.

16. 보건기획의 성공요인으로 가장 옳지 않은 것은?

① 변화 지향적이고 목적 지향적이어야 한다.
② 몇 개의 서로 연관된 기획은 기능적인 조화를 이루어야 한다.
③ 목표와 목적이 명백하게 제시되어야 한다.
④ 기본기획은 하위관리자에 의해 수립되어야 한다.

17. 다음 설명에 해당하는 정책결정 모형은?

> • 인간을 '경제인'이 아닌 '행정인'으로 가정한다.
> • 결정자의 개인적·심리적 차원에 치중하여 정책을 설명하고자 하는 모형이다.

① 합리모형
② 만족모형
③ 점증모형
④ 최적모형

18. 의료보험을 통해 대응하고자 하는 보건의료서비스의 특징은 무엇인가?

① 수요의 불확실성
② 치료의 불확실성
③ 외부효과
④ 우량재

19. 최초의 공중보건학 저서라고 알려진 「전의사경찰체계」라는 위생행정에 관한 저서를 발표한 인물은?

① 파르(Farr)
② 레뮤얼 섀턱(Lemuel Shattuck)
③ 린드(Lind)
④ 프랭크(J.P. Frank)

20. 제1급 감염병부터 제4급 감염병까지 순서대로 바르게 나열한 것은?

① 페스트 – 디프테리아 – 매독 – 신종인플루엔자
② 중증열성혈소판감소증후군 – 결핵 – 뎅기열 – 임질
③ 두창 – 수두 – 일본뇌염 – 인플루엔자
④ 성홍열 – 뎅기열 – 황열 – 큐열

01. 인간의 행동에는 다차원적인 요인들이 영향을 미치므로 보건사업의 성공을 위해서는 다양한 전략의 사용이 바람직하다. 지역사회보건사업 기획에서 활용되는 단계별 전략의 유형으로 옳은 것은?

① 개인적 수준 – 행태개선 훈련
② 개인 간 수준 – 유인제공
③ 조직요인 – 사회마케팅
④ 지역사회 요인 – 조직개발이론

02. 국제연합(UN)체계 안의 보건관련 주요 기구 중 생식보건, 양성평등, 인구와 개발을 주요 업무로 하는 국제기구는 무엇인가?

① WHO ② UNFPA
③ UNICEF ④ UNAIDS

03. 다음 중 우리나라 보건의료시설의 현황과 문제점으로 옳지 않은 것은?

① 대부분의 OECD 회원국에서 급성기의료병상의 수는 감소하는 추세이지만, 우리나라는 최근 큰 폭으로 증가하였다.
② 의료시설의 질적 수준에 대해 의료기관인증제를 통해 의료기관이 일정 수준 이상의 질을 유지하는지 평가하고 있다.
③ 의료시설이 도시에 편중되어 도시지역은 의료기관이 남아도는 반면 농촌지역은 의료시설이 부족한 실정이다.
④ 보건의료시설 간 명확한 역할설정과 기능분담이 이루어져 의료전달체계가 잘 유지되고 있다.

04. 우리나라의 중앙보건행정조직인 보건복지부에 대한 설명으로 옳지 않은 것은?

① 보건복지부는 1명의 장관과 1명의 차관이 있다.
② 보건복지부의 직제는 4실 5국이다.
③ 보건복지부 조직에는 사회복지정책실이 있다.
④ 보건복지부 조직에는 건강정책국이 있다.

05. 다음이 설명하고 있는 보건행정의 특성은?

> 특별한 합리적인 이유 없이 특정 개인이나 집단에게 보건의료서비스를 유리하게 제공하거나 서비스 제공의 부당한 거부 및 회피가 허용될 수 없다.

① 봉사성 ② 과학성
③ 공공성 ④ 조장성

06. 관료제조직의 순기능으로 옳지 않은 것은?

① 지위에 따른 명확한 역할 구분
② 명령계통의 확립
③ 분명한 책임소재
④ 쇄신적 분위기 조성

07. 개인 간 갈등의 원인 중 조직상의 요인에 해당하는 것은?

① 상반된 가치관
② 의사소통 결핍
③ 공동책임의 업무
④ 지나친 기대감

08. 직위분류제를 수립하는 과정에 대한 설명으로 옳지 않은 것은?

① 직무조사단계에서는 직무 기술서를 작성한다.
② 직무분석단계에서는 조직을 수직적으로 분류한다.
③ 직무평가단계에서는 조직을 수평적으로 분류한다.
④ 직무평가 방법으로는 질문지법, 면접법, 관찰법이 사용된다.

09. 보건행정의 역사상 유행병 발생의 자연사를 기록한 사람은?

① 윌리엄 페티(Willam Petty)
② 시드넘(Sydenham)
③ 피린글(Pringle)
④ 베르누이(Bernoulli)

10. Donabedian의 의료의 질 평가 중 다음 설명에 해당하는 제도와 평가단계는 무엇인가?

> 보험자에게 제출하는 진료비 청구명세서나 의무기록 등을 이용하여 환자에게 제공된 의료서비스가 필수적인지, 서비스가 적정한 수준과 강도, 비용으로 제공되었는지를 조사하는 방법이다.

① 신임제도 – 구조평가
② 의료감사 – 과정평가
③ 의료이용도조사 – 과정평가
④ 내부평가 – 구조평가

11. 로머(Roemer)의 보건의료체계 유형에서 정부의 보건의료시장 개입 정도가 강한 유형부터 순서대로 바르게 나열한 것은?

① 자유기업형 – 포괄적보장형 – 사회주의계획형 – 복지지향형
② 자유기업형 – 복지지향형 – 포괄적보장형 – 사회주의계획형
③ 복지지향형 – 포괄적보장형 – 자유기업형 – 사회주의계획형
④ 사회주의계획형 – 포괄적보장형 – 복지지향형 – 자유기업형

12. 다음 중 건강보험제도의 원칙으로 옳지 않은 것은?

① 수익자부담의 원칙
② 급여우선의 원칙
③ 사전치료의 원칙
④ 적정급여의 원칙

13. 국민건강보험제도에 따른 요양급여기관 중 1차 요양급여기관에 해당하지 않는 것은?

① 「지역보건법」에 따라 설치된 보건의료원
② 「의료법」에 따라 시·도지사가 개설허가를 한 병원
③ 「농어촌 등 보건의료를 위한 특별조치법」에 따라 설치된 보건진료소
④ 「약사법」에 따라 등록된 한국희귀·필수의약품센터

14. 공식적 의사소통의 유형으로 상향식 의사소통에 해당하지 않는 것은?

① 보고
② 제안제도
③ 협조전
④ 고충처리

15. 다음 중 샤인(Schein)의 인간관에 해당하지 않는 것은?

① 등격형 인간
② 경제적 인간
③ 자아실현 인간
④ 복잡한 인간

16. 델파이기법에 대한 설명으로 옳지 않은 것은?

① 관련분야의 전문지식을 가진 전문가들에게 토론 없이 서면으로, 완전한 익명으로 자문을 의뢰하고, 이를 반복·종합하여 예측결과를 도출하는 기법이다.
② 설문지 응답은 몇몇 권위자의 영향력을 배제하거나, 다수의견에 따르는 것을 피하기 위해 비공개로 이루어진다.
③ 최종의사결정이 이루어질 때까지 많은 시간이 소비되기 때문에 빠른 의사결정에는 적용의 한계가 있다.
④ 일상적이고 단순한 문제의 의사결정에 유용하게 사용된다.

17. 다음 중 예산의 과정 중 마지막으로 수행되는 회계검사의 원인으로 옳지 않은 것은?

① 지출의 합법성 확보
② 자원재분의 조정
③ 능률성과 효과성의 확보
④ 재정낭비의 방지

18. 건강보험과 의료급여의 비교로 옳지 않은 것은?

① 건강보험료의 재원은 보험료이고 의료급여의 재원은 조세이다.
② 건강보험비용의 심사는 심사평가원에서 담당하고 의료급여비용의 심사는 요양기관에서 담당한다.
③ 건강보험비용의 지급은 국민건강보험공단에서 담당하고, 의료급여비용의 지급은 시·군·구에서 담당한다.
④ 건강보험의 급여절차는 2단계이고, 의료급여의 절차는 3단계이다.

19. 다음 중 병원조직의 특징으로 옳지 않은 것은?

① 집권화된 권위체계
② 노동집약적 성격
③ 자본집약적 성격
④ 투자자본의 높은 회전율

20. Suchman의 의료이용모형에 따르면 본격적인 의료전문가의 치료를 받는 시기에 해당하는 것은?

① 환자역할담당
② 의료인과의 접촉
③ 의존적 환자 역할
④ 증상경험

제6회 최종모의고사

응시번호 _____ 성명 _____ 점수 _____점

01. 정책의 내용을 실현시키는 과정인 정책집행의 유형으로 정책집행자는 목표의 달성을 위한 수단적·기술적 사항에 위임을 받을 뿐, 정책목표의 설정은 정책집행자를 통제하는 정책결정자에 의해 지배되는 유형은 무엇인가?

① 기업가적 관료형
② 재량적 실험형
③ 지시적 위임형
④ 고전적 기술관료형

02. 세계보건기구(WHO)헌장 제2조에 의한 기능에 해당하지 않는 것은?

① 전염병, 풍토병 및 다른 질병을 퇴치하기 위한 사업을 장려하고 촉진하는 것
② 모자의 건강과 복지를 증진하는 것
③ 공중위생업무에 관한 국제용어표를 작성하고 개정하는 것
④ 환경분야에 있어서 연구를 촉진하고 지도하는 것

03. 「지역보건법」에 따른 보건지소에 대한 설명으로 옳은 것은?

① 보건소의 업무수행을 위하여 필요하다고 인정하는 경우에는 보건복지부령으로 정하는 기준에 따라 지방자치단체의 조례로 보건지소를 설치할 수 있다.
② 보건지소는 읍·면·동마다 1개씩 설치할 수 있다.
③ 지역주민의 보건의료를 위하여 특별히 필요하다고 인정되는 경우에는 필요한 지역에 보건지소를 설치·운영할 수 있다.
④ 보건지소에 보건지소장 1명을 두되, 의사 면허가 있는 사람 중에서 임용하며 의사면허가 있는 사람 중에서 임용하기 어려운 경우에는 보건 등 직렬의 공무원을 보건지소장으로 임용할 수 있다.

04. 다음 중 ILO의 사회보장 원칙으로 옳지 않은 것은?

① 포괄성의 원칙
② 비용부담의 공평성의 원칙
③ 대상의 보편주의 원칙
④ 급여수준의 적절성의 원칙

05. 우리나라의 공공부조제도인 국민기초생활보장법에 따른 급여의 내용으로 옳은 것은?

① 생계급여는 현물급여에 해당한다.
② 주택급여는 주거안정에 필요한 임차료, 유지수선비 등의 수급품을 지급하는 것이다.
③ 의료급여는 국민기초생활보장법의 급여에 해당하지 않는다.
④ 해산급여는 조산, 분만 전과 분만 후의 필요한 조치와 보호를 행하는 것이다.

06. 현대조직이론인 체계이론(System Theory)에서 제시하는 체계(system)의 4가지 속성에 해당하지 않는 것은?

① 목표지향성
② 자원의존성
③ 분화와 통합성
④ 투입-전환-산출과정

07. 보건기획의 제약요인 중 기획의 집행상 제약요인에 해당하는 것은?

> ㄱ. 기획의 경직성
> ㄴ. 기획의 그레샴의 법칙
> ㄷ. 이해관계자의 저항
> ㄹ. 조정의 결여

① ㄱ, ㄴ, ㄷ　　　② ㄱ, ㄷ
③ ㄴ, ㄷ　　　④ ㄱ, ㄴ, ㄷ, ㄹ

08. 〈보기〉의 설명에 해당하는 정책결정모형은 무엇인가?

> ─── 〈보기〉 ───
> • 조직의 구성단위나 구성원 사이의 응집성이 아주 약한 혼란상태에서 이루어지는 의사결정의 특징을 강조한 모형이다.
> • 극도로 불합리한 집단적 의사결정에 관한 대표적 모형이다.

① 회사모형
② 정치모형
③ 쓰레기통모형
④ 최적모형

09. 예산이 성립된 후에 일어나는 사정변동에 적응하고 예산을 효율적으로 관리·집행하기 위하여 사용하는 방안에 해당하는 것은?

① 수정예산
② 추가경정예산
③ 잠정예산
④ 준예산

10. 보건의료서비스의 수요 탄력성을 판단할 때 고려해야 할 특징으로 옳지 않은 것은?

① 보건의료서비스는 총괄적인 탄력성이 매우 낮다.
② 의료수요는 소비자가 혼자서 결정하는 것이 아니고 공급자와 더불어 공동으로 결정하고 있다.
③ 제3자가 시장에 개입한다.
④ 소비자가 지불하는 값과 의료공급자가 받는 값 간의 차이가 있다.

11. 보건행정의 역사상 여명기의 사건으로 옳지 않은 것은?

① 스마일리(Smellie)는 산과에서의 위생적인 요소를 강조하였다.
② 윌리엄 페티(Willam Petty)는 생리적 통계에 관한 업적이 있다.
③ 린드(Lind)는 괴혈병 원인을 규명하고 선박위생 상태 개선에 공헌하였다.
④ 시드넘(Sydenham)은 해부학교재를 발간하였다.

12. 뷰오리(Vuori)는 의료의 질이란 의료 제공과정이 끊임없이 변화하고 있으므로 고정된 상태에서 절대적 수준을 전제하는 개념으로 질을 판단하기 쉽지 않으며 현재 처한 환경의 조건하에서 적절하게 의학지식과 기술을 적용하는 것으로 유연하게 정의하였다. 다음 중 뷰오리가 제시한 의료의 질 구성요소에 해당하지 않는 것은?

① 효과성   ② 효율성
③ 수용성   ④ 적합성

13. 병원관리 이론 중 현재의 순이익보다 장기적인 관점에서 전체적인 수입을 증가하여 병원 시장률을 높여 발전을 도모하는 모형은 무엇인가?

① 이윤극대화모형
② 뉴하우스모형
③ 수입극대화모형
④ 격차극소화모형

14. 사회보장이란 출산, 양육, 실업, 노령, 장애, 질병, 빈곤 및 사망 등의 사회적 위험으로부터 모든 국민을 보호하고 국민 삶의 질을 향상시키는 데 필요한 소득·서비스를 보장하는 사회보험, 공공부조, 사회서비스를 말한다. 다음 중 사회보험의 기본원칙에 해당하지 않는 것은?

① 보편성의 원칙
② 통합성의 원칙
③ 민주성의 원칙
④ 전문성의 원칙

15. 미국 랜드연구소(RAND Corporation)가 개발한 전문가집단의 미래예측기법으로 예측현상 관련 전문가의 의견을 우편으로 체계적으로 집약하고 통계적으로 분석하는 방법은?

① NGT법
② 간트차트
③ 델파이기법
④ 브레인스토밍

16. 직위분류제의 구성 요소 중 직무의 종류가 유사하나 그 곤란도, 책임의 정도가 상이한 직급의 군은 무엇인가?

① 직렬   ② 직류
③ 직군   ④ 직급

17. 보건사업평가 기준 중 서치만의 평가기준에 해당하지 않는 것은?

① 사업의 활동량 및 질을 포함하는 투입에너지와 투입량
② 투입된 노력의 결과로 나타나는 측정된 효과
③ 효과 있는 사업 활동이 얼마나 수요를 충족하였는가
④ 특정 사업을 선정한 정당성 평가

18. 건강행태이론 중 인간의 의지적이지 않은 행동까지도 설명할 수 있는 이론은 무엇인가?

① 합리적 행위론
② 계획된 행위론
③ 범이론적 모형
④ 사회인지이론

19. 불확실한 상태에서 기획과 통제를 하는 데 사용되는 모형으로 방대한 보건사업의 효율적 시간관리를 위해 이용되는 계량적인 의사결정기법은 무엇인가?

① PERT
② NGT
③ Gantt Chart
④ Decision Tree Analysis

20. 세계보건기구와 에머슨이 공통적으로 제시한 보건행정의 범위에 해당하지 않는 것은?

① 보건교육
② 환경위생
③ 전염병관리
④ 만성병관리

제7회 최종모의고사

응시번호 _____ 성명 _____ 점수 _____점

01. 보건행정의 조직화과정에 대한 설명으로 옳은 것은?

　① 여러 대안들 중에 선택하는 것이다.
　② 공동의 목표를 달성하기 위하여 업무를 분담하는 과정이다.
　③ 행동하기 전에 무엇을 어떻게 해야 하는지를 결정하는 것이다.
　④ 조직 활동을 감시하는데 초점을 두고 있다.

02. 「국민건강증진법」에 따라 보건소장이 지역주민의 건강증진을 위해 시행하는 사업이 아닌 것은?

　① 취약계층 건강유지 · 증진
　② 질병의 조기발견을 위한 검진 및 처방
　③ 구강건강의 관리
　④ 지역사회의 보건문제에 관한 조사 · 연구

03. 피훈련자가 책임을 정상적으로 수행하면서 해당 업무의 수행 능력을 향상시키기 위하여 상관으로부터 지도 · 훈련 받는 방법의 교육훈련 기법은?

　① 사례연구(case study)
　② 감수성훈련(Sensitivity Training)
　③ 신디케이트(Syndicate)
　④ 현장훈련(OJT: On the Job Training)

04. 보건소에서 시행 중인 여러 가지 보건사업의 경제적 타당성을 비용 – 편익 분석(CBA)에 의해 평가하고자 할 때, 옳지 않은 방법은?

　① 일반적으로 편익/비용의 비(比)가 1 이상이면 경제적 타당성이 있다.
　② 순편익이 높은 보건사업일수록 그 사업은 선호된다.
　③ NPV가 0보다 작을 때 사업을 채택한다.
　④ 내부수익률이 클수록 경제적 타당성이 있다.

05. 1983년 세계보건기구(WHO) 사무총장 말러(Dr. H. Mahler)는 전 인류의 건강을 실현하는 열쇠는 일차보건의료의 성공적 실현에 있다고 하였다. 말러 교수가 일차보건의료의 성공적 실현의 열쇠로 가장 강조한 것은?

　① 보건의료지식
　② 보건의료시설
　③ 보건의료인력
　④ 보건의료장비

06. 우리나라 보건의료서비스 질 관리와 거리가 먼 것은?

　① 의료기관인증제도
　② 건강보험심사평가원의 적정성 평가
　③ 병원내 의료질 관리위원회 운영
　④ 국민건강보험공단의 건강검진사업

07. 자유방임형 보건의료체계 유형에 대한 설명으로 옳지 않은 것은?

① 자신의 지불능력이나, 관습, 지리적 조건 등을 소비자 자신이 스스로 판단하여 거의 무제한적으로 의료기관을 이용할 수 있는 체계이므로 무제도의 제도라고 할 수 있다.

② 개인의 능력과 창의력을 존중하고 개인의 자유를 최고의 가치개념으로 추구하고 있는 사회 국가적 전통을 가지고 있는 미국을 중심으로 독일, 프랑스, 일본 등이 이 유형에 속한다.

③ 정부의 간섭과 통제가 최소화하는 것을 원칙으로 한다.

④ 자유방임형을 채택하고 있는 국가들은 보건의료체계에 대해 정부가 개입하지 않는다.

08. 다음 중 사회보험의 특징에 대한 설명으로 옳은 것은?

① 사회보험은 보험의 기전을 이용하여 주민들을 질병, 상해, 폐질, 실업, 분만 등으로 인한 생활의 위협으로부터 보호하기 위한 제도이다.

② 사회보험은 사회적 형평성을 고려하여 모든 가입자가 동일하게 부담하는 것을 기본으로 한다.

③ 국가가 보험가입을 권장하지만 강제적용 하지는 않는다.

④ 사회보험은 사회 구성의 개인적 형평성 및 효율성을 강조한다.

09. 국가보건서비스(NHS)의 특성을 반영하는 보건의료제도의 특징을 모두 고른 것은?

> 가. 의료비에 대한 국가책임
> 나. 보험료에 의한 재원조달
> 다. 균등급여의 원리
> 라. 영국형 보건서비스제도
> 마. 계약적 수급권
> 바. 강제적용의 원칙

① 가, 나, 다, 라
② 가, 나, 라, 마
③ 가, 다, 라, 바
④ 가, 다, 마, 바

10. 의료보장제도에서 시행되는 의료서비스급여 방식으로 보험자가 의료기관을 통해 직접 서비스를 제공해주는 유형에 대한 설명으로 옳은 것은?

① NHS 또는 지방보건서비스제도를 시행하고 있는 국가에서 재정으로 국민들에게 의료를 보장하는 형태이다.

② 한국, 일본, 독일 등 대부분의 사회보험제도를 채택하는 국가에서 시행하고 있다.

③ 의료기관 입장에서 보면 상환제의 의미를 가진다.

④ 의료기관이 진료비를 보험공단이나 질병금고에 청구하여 지불받기 때문에 상환제에 비하여 편리하다.

11. 예산의 원칙과 그 예외 사항에 대한 설명으로 옳은 것은?

① 특별회계는 '통일성의 원칙'과 '단일성의 원칙'의 예외적인 장치에 해당한다.
② 예산은 주어진 목적, 규모 그리고 시간에 따라 집행되어야 한다는 원칙은 '예산총계주의'이다.
③ 예산구조나 과목은 이해하기 쉽도록 단순해야 한다는 것은 '통일성의 원칙'이다.
④ 특정 수입과 특정 지출이 연계되어서는 안 된다는 것은 '단일성의 원칙'이다.

12. 계층제가 심화될 경우 발생할 수 있는 역기능을 설명한 것 중 옳지 않은 것은?

① 정책결정이나 목표설정에 지장
② 조직의 경직화
③ 의사전달의 왜곡
④ 조직질서의 유지곤란과 분쟁의 유발

13. 조직 구성원에 대한 동기부여를 위한 ERG이론에 대한 설명으로 옳은 것은?

① 모든 사람이 비슷한 욕구와 계층을 가지고 있다는 매슬로(Maslow)의 욕구계층이론을 비판한 이론이다.
② 욕구충족을 위한 행동이 얼마나 추상적인가를 기준으로 존재, 관계, 성장의 3단계로 분류하는 모형이다.
③ 관계욕구에는 자아실현, 전문인으로서의 성장에 대한 욕구가 포함된다.
④ 존재욕구에는 사회적 관계, 소속감에 대한 욕구가 포함된다.

14. 피들러의 리더십 상황적응모델(contingency model)에서 리더의 유형을 결정하는 주요 상황변수에 해당하는 것은?

가. 리더와 구성원의 관계
나. 과업구조
다. 리더의 지위권력
라. 부하의 성숙도

① 나, 다
② 가, 나, 다
③ 라
④ 가, 나, 다, 라

15. 세계보건기구(WHO)에서 제시한 일차보건의료 필수사업에 해당하지 않는 것은?

① 가족계획을 포함한 모자보건
② 풍토병 예방 및 관리
③ 취약계층 건강관리
④ 보건문제에 대한 교육

16. 보건행정의 이념 중 민주성에 대한 설명으로 옳지 않은 것은?

① 주민과의 관계가 민주적이어야 한다.
② 행정조직의 내부가 민주적이어야 한다.
③ 보건행정공무원의 근무의욕을 향상시켜 능률을 최대화시킨다.
④ 행정의 권력남용을 방지하기 위한 장치가 필요하다.

17. 지역사회 보건사업은 대상의 유형에 따라 통합보건 사업과 특수보건사업으로 구분할 수 있다. 다음 중 통합보건사업에 대한 설명으로 옳지 않은 것은?

① 포괄적으로 가족이 가진 여러 가지 건강문제 해결을 목적으로 한다.
② 특수보건사업에 비해서 비경제적이다.
③ 지역사회의 문제점을 포괄적으로 파악할 수 있다.
④ 효율적이고 단순하다.

18. 다음 중 감수성 훈련에 대한 설명으로 옳지 않은 것은?

① 조직의 발전을 위한 기법이다.
② 구성원의 가치관 변화를 위한 기법이다.
③ 외부환경과 격리된 장소에서 훈련한다.
④ 구성원들의 태도를 조사하고 결과를 환류 시키는 개인기법이다.

19. 우리나라 건강보험제도의 특성과 거리가 먼 것은?

① 재원의 조세주의 원칙
② 급여우선의 원칙
③ 사후치료의 원칙
④ 제3차 지불의 원칙

20. 다음은 병원 A에 대한 자료이다. 병상회전율을 구하시오.

- 연간 총 재원일수: 15,000일
- 퇴원 실인원수: 5,000명
- 연평균 가동병상수: 250병상

① 3
② 15
③ 20
④ 50

제8회 최종모의고사

응시번호 _____ 성명 _____ 점수 _____ 점

01. 다음 중 명령통일의 원리에 대한 설명으로 옳지 않은 것은?

① 전제로 계층제의 원리가 확립되어야 적용이 가능한 원리이다.
② 누구에게 보고하고 보고를 받는가를 알 수 있게 한다.
③ 조직 책임자의 전체적 조정 및 통합의 기능을 저해한다.
④ 지나치게 강조하면 오히려 비능률을 초래할 수 있는 원리이다.

02. 로이(Lowi)의 정책유형에 관한 설명 중 옳지 않은 것은?

① 분배정책에서 수혜집단은 특정대상인 반면 비용부담집단은 불특정 일반국민이다.
② 규제정책에서 비용부담은 특정한 개인이나 집단이 하지만 수혜집단은 국민전체이다.
③ 재분배정책에서 '가진 자'는 상실집단이 되고, '못가진 자'는 수혜집단이 된다.
④ 추출정책을 통해 국민들 사이에 정치체제 및 정부의 정통성에 대한 인식을 좋게 하거나 정부정책에 대해 순응을 확보할 수 있다.

03. 메이요(Mayo)의 호손실험에서 생산성 향상의 원인은 매슬로우의 욕구단계 중 어느 단계와 가장 관련이 깊은가?

① 생리적 욕구
② 안전의 욕구
③ 사회적 욕구
④ 자아실현의 욕구

04. 무의사결정(non-decision making)에 대한 설명 중 옳지 않은 것은?

① 사회문제에 대한 정책과정이 진행되지 못하도록 막는 행동이다.
② 기득권 세력이 그 권력을 이용해 기존의 이익배분 상태에 대한 변동을 요구하는 것이다.
③ 기득권 세력의 특권이나 이익 그리고 가치관이나 신념에 대한 잠재적 또는 현재적 도전을 좌절시키려는 것을 의미한다.
④ 변화를 주장하는 사람으로부터 기존에 누리는 혜택을 박탈하거나 새로운 혜택을 제시하여 매수한다.

05. 다음 내용이 설명하는 인간관에 부합하는 조직관리 전략은?

> 대부분의 사람들은 본질적으로 일을 싫어하는 것이 아니다. 사람들에게 일이란 작업조건만 제대로 정비되면 놀이를 하거나 쉬는 것과 같이 극히 자연스러운 것이며, 인간이 물리적·사회적 환경에 도전하는 여러 방법 중의 하나이다.

① 업무 지시를 정확하게 하고 엄격한 상벌 원칙을 제시해야 한다.
② 업무 평가 하위 10%에 해당하는 직원에 대한 20%의 급여삭감 계획은 더욱 많은 업무 노력을 이끌어 낼 수 있는 방법이다.
③ 의사결정 시 부하직원을 참여시키고 자율적으로 업무를 수행할 수 있도록 해야 한다.
④ 관리자가 조직구성원에게 적절한 업무량을 부과하여 수행하게 해야 한다.

06. 보건의료기관의 설치기준과 내용으로 알맞은 것은?

① 상급종합병원은 보건복지부령으로 정하는 20개 이상의 진료과목을 갖추고 각 진료과목마다 전속하는 전문의를 두는 시설이다.

② 종합병원은 300개 이상의 병상을 갖추는 시설이다.

③ 요양병원은 30개 이상의 병상을 갖추는 시설이다.

④ 조산원은 조산사 및 의사가 조산사가 조산과 임산부 및 신생아를 대상으로 보건활동과 교육·상담을 하는 의료기관을 말한다.

07. 다음 내용을 모두 특징으로 하는 리더십의 유형은?

• 추종자의 성숙단계에 따라 효율적인 리더십 스타일이 달라진다.
• 리더십은 개인의 속성이나 행태뿐만 아니라 환경의 영향을 받는다.
• 가장 유리하거나 가장 불리한 조건에서는 과업중심적 리더십이 효과적이다.

① 상황론적 리더십
② 거래적 리더십
③ 카리스마 리더십
④ 행태론적 리더십

08. WHO에 대한 설명으로 옳은 것은?

① 예산은 1년단위로 편성된다.

② 예산은 정규분담금과 자발적기여금으로 이루어지며 예산에서 자발적기여금이 차지하는 비중은 미미하다.

③ 우리나라는 WHO 회원국으로서 정규분담금을 납부하고 있으나 자발적기여금 지원은 하고 있지 않다.

④ 우리나라의 법정분담금은 보건복지부 예산으로 편성되어 납부되고 있다.

09. 보건소는 보건행정 중 주로 어떤 기능을 수행하는 곳인가?

① 사업계획기능
② 사업실시기능
③ 사업평가기능
④ 조사·연구기능

10. 다음의 〈보기〉에서 설명하는 보건의료서비스의 사회경제적 특성은?

─── 〈보기〉 ───

한 공장에서 공해가 나오는 물질로 상품을 싸게 만들면 상품은 싸게 공급되지만 그 공해로 인해 다른 사람들이 피해를 보게 될 수 있다. 이런 경우 정부는 시장기능이 아닌 공해규제정책을 통해 각 공장에 공해방지 장치를 갖추게 하거나 공해유발부담금을 거두어 공해정화에 사용한다.

① 우량재　　　　② 공급의 독점성
③ 공공재　　　　④ 외부효과

11. OECD 국가 보건의료체계 중 비스마르크형 보건의료체계에 대한 설명으로 옳지 않은 것?

① 대상자들에 대하여 강제 적용한다.
② 빈곤층은 국가에서 별도 관리한다.
③ 보건의료기관은 대부분 국가의 소유이다.
④ 독일, 일본, 프랑스, 한국 등이 해당한다.

12. 다음 중 보건복지부 소관기금에 해당하지 않는 것은?

① 국민연금기금
② 청소년육성기금
③ 응급의료기금
④ 국민건강증진기금

13. 보건기획에 있어서 우선순위를 결정하는 BPRS 방법의 요소로 옳은 것은?

① 주민의 관심도
② 문제의 심각성
③ 문제의 수용도
④ 사업의 적절성

14. 대안을 설정할 때 각 전문가들에게 개별적으로 설문서와 그 종합된 결과를 전달, 회수하는 과정을 반복함으로써 독립적이고 동등한 입장에서 의견을 접근해 나갈 수 있는 설문조사를 통한 예측기법은?

① 브레인스토밍(Brainstorming)
② PERT(Programming Evaluation Review Technique)
③ 포커스그룹토의(Focus group discussion)
④ 델파이기법(Delphi Method)

15. 조직에서 관리자의 통솔범위가 넓어지는 경우로 옳지 않은 것은?

① 관리자의 기획·조정 기능이 많은 경우
② 조직방침이 명확하게 규정되어 있는 경우
③ 부하의 업무수행결과에 대한 객관적 평가기준이 명확한 경우
④ 직무가 표준화되고 구조화되어 있는 경우

16. 조직 유형 중 파슨스(Talcott Parsons)의 분류에 해당하는 것은?

① 경제조직(경제적 재화의 생산과 분배에 종사하는 조직)
② 기업조직(소유주가 조직의 수혜자인 조직, 능률성 강조)
③ 강제적 조직(조직의 통제수단이 강제적이고 구성원들이 고도의 소외의식을 가짐)
④ 공리적 조직(조직이 구성원에 대하여 임금을 제공하고 구성원은 조직으로부터 지급되는 보상만큼 일한다는 입장)

17. 개인 간 갈등의 관리 방식 중 타인의 관심부분을 충족시켜 주기 위해서 자신의 관심부분을 양보 또는 포기하는 방식은?

① 수용형(accommodating)
② 타협형(compromising)
③ 회피형(avoiding)
④ 협조형(collaborating)

18. 인적자원 충원 방식 중 실적주의와 엽관주의에 대한 설명으로 옳지 않은 것은?

① 엽관주의는 평등원칙 및 기회균등의 원칙에 위배되나 행정의 능률성을 높일 수 있는 방법이다.
② 엽관주의는 선거를 통해 집권한 정당에 정부 관료제를 예속시킴으로써 정책변동에 대한 대응성이 강한 장점이 있다.
③ 실적주의는 행정부패가 감소되나 행정의 형식화와 경직성을 초래할 수 있다.
④ 실적주의는 직업공무원제도 수립에 도움이 된다.

19. 에머슨(Emerson)의 보건행정 범위에 해당되지 않는 것은?

① 모성보건
② 보건시설의 운영
③ 보건교육
④ 환경위생

20. WHO에서 일반적으로 보건의료자원의 개발 정도를 평가할 때 고려해야 할 내용 중 '질적 수준'에 대한 설명으로 옳은 것은?

① 보건의료자원의 개발이 얼마나 체계적으로 계획, 실행, 관리 되었는지 평가한다.
② 여러 보건의료자원의 복합적 집합체로서 공급된 보건의료서비스가 주민들의 필요에 얼마나 적합한가를 나타낸다.
③ 필요한 보건의료서비스제공에 요구되는 자원의 공급에 관한 것으로 흔히 인구 당 자원의 양으로 표시한다.
④ 보건의료인력의 주요기능 수행 능력과 지식수준, 그리고 시설의 규모와 적정시설 구비 정도를 뜻한다.

제9회 최종모의고사

응시번호 _____ 성명 _____ 점수 _____점

01. 동기부여이론 중 McClelland가 주장한 성취동기가 강한 사람의 특징으로 옳지 않은 것은?

① 성공에 대한 강한 욕구를 가지고 있다.
② 타인의 행동에 영향력을 미치거나 통제하려고 한다.
③ 변화를 추구하고 미래지향적이다.
④ 성취목표를 설정하고 계산된 모험을 선호한다.

02. 다음 중 중세기 보건의료와 관련된 사건으로 옳지 않은 것은?

① 서유럽에서는 대부분의 위생문제나 보건사업은 종교활동의 일환으로 취급되었다.
② 6~7세기 모하메드가 죽은 뒤 그의 출생지인 메카로 순례하는 많은 사람들이 각 지역에 콜레라의 대유행을 여러 차례 발생시켰다.
③ 오늘날과 같은 공중보건조직은 없었으나 각종 전염병의 예방과 환경위생감시 등을 위한 행정기구는 설치되어 있었다.
④ 한센병(나병) 등이 점차 사라지고 발진티푸스, 괴혈병, 수두, 성홍열, 매독, 두창, 페스트가 유행하였으며 이 시기에 가장 무서운 질병은 매독이었다.

03. 다음 중 직업공무원제의 수립요건에 해당하지 않는 것은?

① 공무원에 대한 높은 사회적 평가
② 분야별 전문가 채용
③ 젊은 사람의 채용
④ 공무원의 직급별 수급계획

04. 감기와 같은 경증 환자가 3차 의료기관에서 진료를 받는 경우가 흔하다면 이는 바람직한 보건의료의 요건 중 무엇에 위배되는가?

① 질적 적정성
② 경제적 접근 용이성
③ 효율성
④ 효과성

05. 〈보기〉에서 설명하는 리더십의 유형은 무엇인가?

> ─────── 〈 보기 〉 ───────
> • 부하에게 과업목표를 알려주고 그 목표를 달성했을 경우에 어떤 보상을 지급받게 되는 지를 명확히 해준다.
> • 과업수행과정에는 특별한 경우를 제외하고는 개입하지 않는다.

① 서번트 리더십
② 권위형 리더십
③ 거래적 리더십
④ 민주형 리더십

06. 보건행정이 추구하는 이념으로서 형평성과 효과성을 높일 수 있는 유용한 수단이 되는 것은?

① 대응성   ② 민주성
③ 효율성   ④ 접근성

07. 미국공중보건협회의 평가항목 중 수많은 보건문제 중에서 특정 사업을 선정한 정당성을 따지는 것으로 가치의 타당성을 우선순위 결정에 비추어 보는 것은?

① 업무량/노력(effort)
② 사업의 적합성(program appropriateness)
③ 사업의 충족성(program adequacy)
④ 성과(performance)

08. 의료보장을 위한 재정조달원으로서는 크게 공공재원 및 준공공재원, 민간재원으로 나눌 수 있다. 다음 중 공공재원 및 준공공재원에 해당하지 않는 것은?

① 소비세수입
② 사회보험
③ 복권
④ 고용주부담

09. 예산의 편성이란 정부가 다음 회계연도에 수행할 정책·사업을 금액으로 표시한 계획을 작성하는 과정이다. 예산편성의 과정으로 옳은 것은?

① 예산편성지침 통보 → 사업계획서 작성 → 예산요구서 작성 및 제출 → 예산의 사정 → 예산안 확정 및 국회 제출
② 예산의 사정 → 예산요구서 작성 및 제출 → 예산편성지침 통보 → 사업계획서 작성 → 예산안 확정 및 국회 제출
③ 예산요구서 작성 및 제출 → 예산편성지침 통보 → 사업계획서 작성 → 예산의 사정 → 예산안 확정 및 국회 제출
④ 사업계획서 작성 → 예산편성지침 통보 → 예산요구서 작성 및 제출 → 예산의 사정 → 예산안 확정 및 국회 제출

10. 직위분류제의 구성요소 중 직위가 가지는 직무의 종류, 곤란성과 책임도가 상당히 유사한 직위의 군을 의미하는 것은?

① 직급   ② 직렬
③ 직류   ④ 등급

11. 보건정책은 행정학의 분과학문으로서 다루는 정책학과 큰 차이는 없으나 보건 분야가 가지는 특성으로 인해 일반정책과 다른 차이점을 가지고 있다. 다음 중 보건정책의 특징으로 옳지 않은 것은?

① 보건정책은 일반정책과 달리 시장경제의 원리가 항상 적용되는 것이 아니다.
② 국가정책에서 보건정책의 우선순위는 대체로 경제력과 반비례한다. 경제개발단계에서 보건정책의 우선순이가 매우 높지만 경제발전 후에는 우선순위가 낮아진다.
③ 보건의료서비스는 외부효과를 가지고 있기 때문에 보건정책은 국민 모두에게 지대한 영향을 준다.
④ 소득과 의식수준이 향상되면 보건의료서비스에 대한 국민들의 요구는 급속히 증가한다.

12. 조직의 동기부여이론 중 이지리스(Argyris)의 미성숙-성숙이론에 대한 설명으로 옳지 않은 것은?

① 인간은 성숙된 인간과 미성숙한 인간이 있는데 대개는 미성숙상태에서 성숙상태로 진전되는 과정이 바로 조직 관리의 효율적 전략이다.
② 미성숙한 사람은 대개 수동적, 의존적, 단일적, 일반적, 단기적, 종속적, 자아의식결여 등의 특성을 지니고 있다.
③ 고전적인 조직설계가 인간의 성숙한 상태를 저해한다고 주장하면서 직무확대, 부하중심적 리더십을 통해 조직이 인간의 성숙한 상태를 조성해 주어야 한다고 하였다.
④ 비공식조직의 지배원리인 전통적인 조직원리는 조직의 합리성을 과도하게 추구한 나머지 인간의 성숙한 성격의 제반 욕구와 본질적인 괴리현상을 일으킨다.

13. 라인스탭조직에 대한 설명으로 옳지 않은 것은?

① 군대식 조직으로서 업무의 결정과 실행을 담당하는 부서들만 있는 조직형태이다.
② 조직의 규모가 커질수록 스탭기능이 분화되어 발달하게 된다.
③ 라인스탭조직은 업무수행이 능률적으로 이루어지고 의사결정을 신속하게 한다.
④ 기관장의 통솔범위가 넓어지고 전문지식을 활용할 수 있다.

14. 동일한 직급으로 다른 직렬에 옮겨가는 횡적·수평적 인사이동을 의미하는 임용방식은 무엇인가?

① 겸임   ② 전보
③ 전직   ④ 직무대리

15. 사회보험과 민간보험의 유사점으로 옳지 않은 것은?

① 실제로 보장내용에는 다소 차이점이 있지만 적용자에게 경제적 또는 의료적 보상을 해준다.
② 위험분산을 통한 보험기능을 수행한다.
③ 보험료 산정과 보험급여의 결정이 엄격한 확률계산의 기초위에 이루어진다.
④ 보험대상은 질병·분만·산재·노령·실업·폐질로 국한된다.

16. 우리나라 건강보험의 재원조달 체계의 내용으로 옳은 것은?

① 직장가입자는 소득비례정률제가 적용되고 있다.
② 지역가입자는 소득비례정률제가 적용되고 있다.
③ 당해연도 보험료 예상수입액의 20%는 정부에서 지원하고 있다.
④ 당해연도 보험료 예상수입액의 16%는 건강증진기금에서 지원하고 있다.

17. 정책기획에 대한 설명으로 옳지 않은 것은?

① 정책기획은 정부의 광범위하고 기본적인 방침을 설정하는 기획이다.
② 정책기획은 종합적이고 포괄적인 기획이다.
③ 정책기획은 정책목표를 실행하는 기획이다.
④ 정책기획은 정부기관의 모든 부문에 영향을 미치며 입법적 성격을 지닌다.

18. 제5차 국민건강증진종합계획의 목표는 무엇인가?

① 건강수명 연장과 건강효율성 제고
② 평균수명 연장과 건강효율성 제고
③ 건강수명 연장과 건강형평성 제고
④ 평균수명 연장과 건강형평성 제고

19. 〈보기〉의 내용을 의미하는 것은?

> ───── 〈보기〉 ─────
> 특별한 노력이 요구되지 않은 정형화된 기획에
> 주력하고 비정형적인 기획을 기피하는 경향이
> 있다.

① 세이의 법칙
② 그레샴의 법칙
③ 로머의 법칙
④ 피터의 법칙

20. 정책결정 모형 중 만족모형에 대한 설명으로 옳지
않은 것은?

① 제한된 합리성에 기초하여 현실적으로 만족할만
한 수준에서 결정된다는 이론이다.
② 만족의 정도는 일반적으로 적용이 가능하여 보
편적 의견을 대표할 수 있다.
③ 모든 대안을 동시에 평가할 필요가 없으므로 결
정은 단순화되어 현실의 의사결정자의 능력으로
도 가능하다고 본다.
④ 쇄신적이고 창조적인 정책은 고려되지 않아 보
수주의에 빠질 우려가 있다.

제10회 최종모의고사

응시번호_____ 성명_____ 점수_____ 점

01. 신고전적 조직이론의 특징으로 옳지 않은 것은?

① 사회적 능률성을 중시한다.
② 비공식조직을 중요시한다.
③ 인간중심의 유연한 관리를 강조하였다.
④ 경제적 환경이나 노동시장의 조건 등을 적절히 고려하였다.

02. 하나의 서비스 체계에서 고객의 수가 시간마다 일정치 않을 때 대기시간과 대기행렬을 최소화하기 위해 적정한 시설규모, 서비스 절차 등을 발견하기 위한 분석기법은 무엇인가?

① Gantt Chart
② Queuing Theory
③ PERT
④ Decision Tree Analysis

03. 진료비 지불제도 중 사후 보상방식에 해당하는 제도의 설명으로 옳지 않은 것은?

① 의료서비스의 양과 질이 극대화된다.
② 국민의료비 억제 효과가 크다.
③ 예방 의료에 대한 관심이 증대된다.
④ 조직의료에 적합하다.

04. 의료의 질 평가 중 환자의 의무기록을 정기적으로 검토하여 환자 진료의 질을 평가하는 프로그램은 어느 접근방법에 해당하는가?

① 구조적 접근
② 과정적 접근
③ 결과적 접근
④ 질적 접근

05. 고전적 조직이론에서 중시되던 조직의 원리 중 공동의 목표를 달성하기 위하여 하위체계 간의 노력의 통일을 기하기 위한 과정에 해당하는 것은?

① 전문화의 원리
② 조정의 원리
③ 명령통일의 원리
④ 계층제의 원리

06. 우리나라의 보건행정 역사상 근대적 의미의 보건행정기관이라 할 수 있는 것은?

① 전의감 　　　　② 내의원
③ 혜민서 　　　　④ 위생국

07. 「의료법」에서 규정하는 의료기관 인증기준에 포함하여야 하는 사항에 해당하지 않는 것은?

① 의료인의 권리와 안전
② 의료기관의 의료서비스 질 향상 활동
③ 의료기관의 조직인력의 관리 및 운영
④ 환자의 만족도

08. 다음 중 의료인의 면허 취소하여야 하는 경우는?

① 의료인의 품위를 심하게 손상시키는 행위를 한 때
② 의료기관 개설자가 될 수 없는 자에게 고용되어 의료행위를 한 때
③ 일회용 주사 의료용품 재사용 금지를 위반하여 사람의 생명 또는 신체에 중대한 위해를 발생하게 한 경우
④ 진단서를 거짓으로 작성하여 내준 경우

09. 회계연도 개시 전까지 예산이 국회에서 의결되지 못할 경우 몇 개월분에 해당하는 일정 금액을 국고로부터 지출할 수 있도록 허가해 주는 제도는 무엇인가?

① 잠정예산   ② 가예산
③ 수정예산   ④ 본예산

10. 다음 중 관료제의 순기능으로 보기 어려운 것은?

① 지위에 따른 명확한 역할 구분
② 명령계통의 확립
③ 할거주의 완화
④ 문서화된 업무 절차의 정립

11. 다음 중 기획 수립상 제약요인에 해당하지 않는 것은?

① 미래예측의 곤란
② 자료·정보의 부족과 부정확성
③ 개인의 창의력 위축
④ 자원배분의 비효율성

12. 다음 중 McGregor의 인간관 중 Y이론적 인간에 해당하는 욕구 혹은 인간의 유형에 해당하지 않는 것은?

① Maslow의 욕구단계 중 사회적 욕구
② Alderfer의 욕구단계 중 생존의 욕구
③ Herzberg의 동기요인
④ Romos의 반응인

13. 다음 중 테리스의 보건의료체계 유형에 대한 설명으로 옳지 않은 것은?

① 테리스는 경제적 요인과 정치적 요인을 기준으로 보건의료체계를 분류하였다.
② 공적부조형은 국민의 보건의료비를 조달할 능력이 없기 때문에 재원을 정부의 조세에 의존하는 유형이다.
③ 의료보험형은 국민 스스로 의료비를 조달할 수 있는 제도로 의료보험을 통해 재원조달이 이루어진다.
④ 국민보건서비스형은 건강권을 국민의 생존권적 기본권 중의 하나로 생각하는 국가에서 채택하는 유형으로 재원은 조세에서 조달한다.

14. 다음 중 시 · 도지사 또는 시장 · 군수 · 구청장이 4년마다 수립하는 지역보건의료계획에 포함되어야 할 사항에 해당하지 않는 것은?

① 보건의료 수요의 측정
② 지역보건의료서비스에 관한 장기 · 단기 공급대책
③ 지역주민의 건강실태조사
④ 지역보건의료에 관련된 통계의 수집 및 정리

15. 다음 중 베버리지의 사회보장원칙으로 옳지 않은 것은?

① 정액급여의 원칙
② 비용부담 공평성의 원칙
③ 행정책임통합의 원칙
④ 포괄성의 원칙

16. 다음 중 목표관리(MBO)에 대한 설명으로 옳지 않은 것은?

① 환경에의 적응능력을 중시한다.
② 계량적 단기목표를 중시한다.
③ 팀워크 및 협동적 노력을 중시한다.
④ 결과지향적인 관리기법이다.

17. 도표식 평정척도법에서 나타나는 오차를 방지하기 위하여 성적분포비율을 미리 정해 놓는 평정기법은 무엇인가?

① 강제배분법
② 다면평가제
③ 직무기준법
④ 강제선택법

18. 건강증진을 위한 국제회의 중 "건강증진은 가치 있는 투자"를 의제로 이루어진 회의는?

① 헬싱키 회의
② 멕시코시티 회의
③ 자카르타 회의
④ 방콕회의

19. 다음 중 귤릭(Gülick)이 제시한 행정과정에 대한 내용으로 옳지 않은 것은?

① 기획 – 정해진 목표나 정책의 합리적 운용을 위한 사전준비활동과 집행전략이다.
② 조직 – 인적 · 물적 자원 및 구조를 편제하는 과정이다.
③ 지휘 – 행동통일을 이룩하도록 활력을 결집시키는 활동이다.
④ 예산 – 예산을 편성 · 관리 · 통제하는 제반활동이다.

20. 정책결정모형에 대한 설명이 옳은 것은?

① 합리모형에서 결정자는 목표나 가치를 극대화하는 대안을 선택하다.
② 만족모형은 정치적 합리성은 고려하지 않고 경제적 합리성만을 추구한다.
③ 점증모형은 결정자의 개인적 · 심리적 차(만족)에 치중하여 정책을 설명하고자 하는 모형이다.
④ 최적모형은 여러 대안을 포괄적으로 분석 · 평가하기보다는 현재의 수준보다 좀 더 향상된 수준에만 관심을 갖는다.

합격해

보건행정

전공모의고사
vol.1

해설편

01	02	03	04	05	06	07	08	09	10
①	③	③	④	②	②	④	②	④	③
11	12	13	14	15	16	17	18	19	20
①	④	④	①	②	②	④	③	①	①

01 [난이도 상]

해설

① 질병관리청장은 보건복지부장관과 협의하여 지역보건법에 따른 지역사회 건강실태조사를 매년 지방자치단체의 장에게 협조를 요청하여 실시한다.

지역보건법

(1) **지역사회 건강실태조사(법 제4조)**

① 국가와 지방지치단체는 지역주민의 건강 상태 및 건강 문제의 원인 등을 파악하기 위하여 매년 지역사회 건강실태조사를 실시하여야 한다.

② 제1항에 따른 지역사회 건강실태조사의 방법, 내용 등에 관하여 필요한 사항은 대통령령으로 정한다.

(2) **지역사회 건강실태조사의 방법 및 내용(법 시행령 제2조)**

① 질병관리청장은 보건복지부장관과 협의하여 「지역보건법」 제4조제1항에 따른 지역사회 건강실태조사를 매년 지방자치단체의 장에게 협조를 요청하여 실시한다.

② 제1항에 따라 협조 요청을 받은 지방자치단체의 장은 매년 보건소(보건의료원을 포함한다. 이하 같다)를 통하여 지역 주민을 대상으로 지역사회 건강실태조사를 실시하여야 한다. 이 경우 지방자치단체의 장은 지역사회 건강실태조사의 결과를 질병관리청장에게 통보하여야 한다.

③ 지역사회 건강실태조사는 표본조사를 원칙으로 하되, 필요한 경우에는 전수조사를 할 수 있다.

④ 지역사회 건강실태조사의 내용에는 다음 각 호의 사항이 포함되어야 한다.

1. 흡연, 음주 등 건강 관련 생활습관에 관한 사항
2. 건강검진 및 예방접종 등 질병 예방에 관한 사항
3. 질병 및 보건의료서비스 이용 실태에 관한 사항
4. 사고 및 중독에 관한 사항
5. 활동의 제한 및 삶의 질에 관한 사항
6. 그 밖에 지역사회 건강실태조사에 포함되어야 한다고 질병관리청장이 정하는 사항

02 [난이도 상]

해설

의료기관인증제도

(1) **인증의 신청**

① 병원급 의료기관은 인증을 받고자 하는 시기를 정하여 자율적으로 인증조사를 신청한다.

② 인증원은 의료기관에서 신청한 인증 희망 조사일정과 신청 순서를 고려하여 조사일정을 의료기관과 조정한 후 인증신청서 접수일로부터 1개월 이내에 신청 의료기관에게 최종 통보한다.

③ 의료기관 인증에 소요되는 경비는 의료기관이 부담한다.

(2) **인증등급**: 의료기관에 대한 조사 및 평가 결과에 따라 인증, 조건부 인증, 불인증의 3개 등급으로 분류된다.

① 인증: 해당 의료기관이 모든 의료서비스제공 과정에서 환자의 안전보장과 적정수준의 질을 달성하였음을 의미(인증유효기간: 4년) – 필수항목에서 '하'가 없음.

② 조건부인증: 질 향상을 위해 노력하였으나 일부 영역에서 인증수준에는 다소 못 미치는 기관으로서, 향후 부분적 노력을 통해 인증을 받을 수 있는 가능성이 있음을 의미(유효기간: 1년) – 필수항목에서 '하'가 없으면서, 조사항목 평균점수가 인증과 불인증에 해당하지 않는 모든 경우

③ 불인증: 기준 충족률이 60% 미만인('하') 영역이 1개 이상 있는 경우 – 필수항목에서 '하' 1개 이상

03 [난이도 중]

해설

에치오니(Amitai Etzioni)의 분류

조직구성원들이 조직의 권위에 복종하는 형태를 기준으로 강제적 조직, 공리적 조직, 규범적 조직으로 분류하였다.

(1) **강제적 조직**: 조직의 통제수단이 강제적이고 구성원들이 고도의 소외의식을 가짐(군대, 교도소, 감금정신병원, 강제수용소)

(2) **공리적 조직**: 조직이 구성원에 대하여 임금을 제공하고 구성원은 조직으로부터 지급되는 보상만큼 일한다는 입장(기업, 경제단체, 이익단체)

(3) **규범적 조직**: 통제의 원천이 규범적 권한과 도덕적 복종이 부합되어 있는 조직으로 지도자의 개인적 영향력에 의존, 비공식적 제재가 강함(종교단체, 이념정당, 가족, 병원, 대학)

※ 병원, 대학을 전문적 조직으로 볼 수 있다.

04 [난이도 상]

해설

계몽주의 시대는 공중보건 사상이 싹튼 시기로 그 시기를 1760~1830년으로 보기도 하지만 근대기 이전까지인 1850년까지를 계몽주의 시대로 구분하기도 한다.

라마찌니의 노동자 질병론(직업인의 질병)에 의한 산업보건은 계몽주의 시대 이전인 중상주의 시대(1750~1760년)에 해당한다.

05 [난이도 중]

해설

선형계획(Linear Programming)

(1) 주요 변수 간의 상관관계를 선형 방정식으로 나타내고 주어진 제약조건에서 이윤극대화 또는 비용극소화를 위한 자원의 최적배분을 찾아내는 데 활용하는 수리적 분석기법이다.

(2) 확실한 상황에서 이루어지는 의사결정분석이다.

(3) 모형 작성자의 철학과 가치관에 따라 중요한 변수가 누락될 수 있으며, 필요한 자료를 구하기 어려운 경우가 많다.

06 [난이도 중]

해설

수정예산은 정부가 국회에 예산안을 제출한 이후 예산이 아직 최종 의결되기 전에 국내외의 사회·경제적 여건의 변화로 예산안의 내용 중 일부를 변경할 필요성이 있을 때 편성하는 예산이다. 예산이 성립되기 전에 변경하는 것이므로 집행의 신축성 확보방안에 해당하지 않는다.

예산 집행의 신축성 확보방안

이용, 전용, 이체, 이월, 예비비, 계속비, 국고채무부담행위, 수입 대체경비, 추가경정예산 등

07 [난이도 중]

해설

① 포괄수가제는 진료비 산정의 간소화로 행정비용이 절감된다.
② 행위별수가제는 의료인의 재량권이 최대화되고 환자에 대한 진료 책임이 극대화된다.
③ 인두제는 환자와 의사 간의 지속적인 관계가 유지된다.

08 [난이도 중]

해설

② 보험료는 경제적인 능력에 비례하여 부과하는 반면, <u>보험급여는 보험료의 부과수준에 관계없이 모든 국민에게 동일하게 주어지도록 하여 형평성을 유지하고 있다.</u>

국민건강보험제도의 특징

(1) 모든 국민을 국민건강보험법에 근거하여 강제로 가입시킴으로써 역선택을 방지하고 있다.
(2) 보험료는 경제적인 능력에 비례하여 부과하는 반면, 보험급여는 보험료의 부과수준에 관계없이 모든 국민에게 동일하게 주어지도록 하여 형평성을 유지하고 있다.
(3) 보험료 부과방식은 직장가입자와 지역가입자로 이원화되어 있다.
    ① 직장가입자의 보험료: 표준보수월액에 보험료율을 곱하여 산정
    ② 지역가입자의 보험료: 소득, 재산 등을 고려하여 부과표준소득을 정하여 점수로 나타내고 적용 점수당 금액을 곱하여 산정
(4) 모든 의료기관을 건강보험 요양기관으로 지정하여 국민들의 의료접근도를 제고시키고 있다.
(5) 진료보수는 행위별수가제를 적용하고 제3자 지불제 방식으로 운영하고 있다.
(6) 단기보험이다.
(7) 예방보다는 치료중심의 급여제도이다.
(8) 보건의료제도의 특징
    ① 의료공급방식: 민간주도형
    ② 관리통제방식: 자유방임형
    ③ 사회보장형태: NHI(사회보험방식)

09 [난이도 상]

해설

① 조직의 구조적 또는 기계적인 관점을 대표하는 초기의 행정이론이다. – 고전적 조직이론
② 외부환경보다는 조직 내부의 합리적이고 능률적인 관리에 초점을 두었다. – 고전적 조직이론
③ 인간을 경제적 유인에 의해 동기가 유발되는 기계적이고 타산적인 존재로 가정하였다. – 고전적 조직이론

신고전적 조직이론

(1) 과학적 관리론과 달리 인간을 사회적 유인에 따라 움직이는 존재로 파악하고 조직 내에서 사회적 능률을 향상시킬 수 있는 관리방법을 탐구한 접근방법
(2) **사회적 인간관 전제**: 인간은 사회적 요인으로 동기가 유발(Y이론적 인간관)
(3) **사회적 능률성 중시**: 사회적 합목적성, 조직구성원의 만족도 등을 중시
(4) **비공식적 구조에 대한 관심**: 생산성을 좌우하는 것은 비공식의 사회적(집단적) 규범
(5) **사회적 욕구의 충족 등 비경제적 보상 중시**: 임금에 의한 보상이 아닌 일체감, 대인관계, 집단사기나 인간의 심리적 만족감이 생산성을 결정
(6) **인간중심의 유연한 관리 강조**: 구성원을 개체가 아닌 집단의 일원으로 인식하여, 인간중심적(민주적) 리더십, 집단적 유인구조, 비공식적 의사전달망 등을 중시

10 [난이도 중]

해설

① **연공급**: 연령, 근속기간, 학력, 성별 등 인적 요소를 중심으로 보수 수준을 결정한다. 근속연수가 증가할수록 임금이 증가하는 체계이다.
② **직무급**: 동일한 직무에는 동일한 보수를 지불하는 원칙을 기본으로 하고 직무의 중요도·난이도·기여도에 따라 직무의 질과 양에 대한 상대적 가치를 평가하여 보수를 결정한다. 직무급 적용을 위해서는 직무에 대한 과학적 분석이 선행되어야 한다.
③ **직능급**: 직무수행능력을 중심으로 하고 인적 요소를 반영하는 보수체계로, 능력에 따라 승급하면서 연공에 따라 호봉이 상승하는 체계이다.
④ **생활급**: 생계비를 결정기준으로 하는 보수이다. 공무원과 그 가족의 생활을 보장하기 위한 것으로서 연령과 가족상황이 기준이 된다.

11 [난이도 중]

해설

전략적 리더십

(1) 조직목표를 창도하고 신념의 추진력을 가지고 장기적 생존을 위해 요구되는 리더십이다.
(2) 현대조직은 조직 내부의 효율적 관리에만 의존해서는 더 이상 생존하기 힘든 상황에 놓여 있기 때문에 리더들은 조직의 생존과 번영을 위해 사회, 경제, 정치, 문화 등 일반환경 조건들

뿐만 아니라 경쟁자, 공급자, 소비자, 정부 정책 등 과업환경
의 변화를 면밀하게 검토하고 창조적으로 대응하여야 한다.
(3) **전략적 리더십의 주요요소**: 전략의 수립(formulation)과 실천
(implementaton)

12 [난이도 상]

해설

보건의료체계의 투입 – 산출 모델(input–output model)
(1) **투입**: 의료체계에는 2가지 투입요소가 있다.
   ① 의료의 가용성과 조직, 재정: 의료체계의 목적을 달성하
      기 위한 생산요소
   ② 인구집단 또는 환자: 의료서비스 대상
(2) **과정**: 실제적인 의료전달과정에 있어서 환자와 공급자간의
   상호작용이 일어나는 것
(3) **산출**: 투입과 과정을 통한 결과를 의미
   ① 중간결과: 형평, 효율, 효과 등
   ② 최종결과: 삶과 질에 바탕을 둔 안녕의 정도
(4) **분석 및 환류**
   ① 산출물과 목표의 차이를 인지하고 재정비하는 것, 즉 피드백
   ② 산출결과가 목표와 어떤 차이가 있는지를 평가하고, 그 원
      인을 찾아서 해결
(5) **환경**
   ① 보건의료체계를 둘러싸고 있는 초시스템(supersystem)으
      로 보건의료체계는 이러한 환경에 '영향'을 받음
   ② 물리적인 환경(기후, 수질), 사회의 체계(문화, 지식), 국가
      의 정책 등

13 [난이도 상]

해설

국민의료비 = 경상의료비 + 자본형성
• 경상의료비 = 총 개인보건의료비 + 예방 및 공중보건 + 보건사
  업행정 및 건강보험
• 자본형성: 요양기관 시설에 대한 공공부문 투자와 민간부문의
  병원 신·증축 및 장비구입을 위한 투자 등

※ 통계청 지표설명
경상의료비는 보건의료서비스와 재화의 소비를 위하여 국민
전체가 1년간 지출한 총액이다.
① 보건의료 재화와 서비스의 최종 소비(개인의료비+집합보
   건의료비)
② 정부·의무가입제도는 정부(중앙·지방), 의무가입(건강보
   험, 산재보험, 장기요양보험, 자동차책임보험)에 의해 지출
   된 보건의료비
③ 민간의료비는 임의가입(민영보험, 비영리단체, 기업), 가계
   직접부담(법정본인부담, 비급여본인부담)에 의해 지출된 보
   건의료비

---

14 [난이도 상]

해설

의료급여제도는 수입이 적어 자력으로 생활하기가 곤란하거나 특
수한 상황에 처해 있는 자에게 의료를 무상으로 제공하거나 일정
한 금액만을 본인이 부담하게 하여 그들의 생활에 도움이 되도록
하는 제도이다. 생활이 어려운 자에게 의료급여를 실시함으로써
국민보건의 향상과 사회복지의 증진에 이바지함을 목적으로 한다.

15 [난이도 하]

해설

베버리지의 사회보장원칙
(1) 정액급여의 원칙
(2) 정액기여의 원칙
(3) 행정책임통합의 원칙
(4) 급여 적절성의 원칙
(5) 포괄성의 원칙
(6) 피보험자분류의 원칙

16 [난이도 하]

해설

프레서스(Presthus)의 성격유형론
대규모조직, 즉 관료제 조직에 반응하는 인간의 유형으로 상승형,
무관심형, 애매형을 제시하였다.
(1) **상승형**: 조직에 적극 참여하는 성격유형으로 주로 조직 상부
   층에서 많이 발견된다. 승진에 대한 욕구가 강하며 권력지향
   적이다. 조직의 권위를 존중하고 조직의 정책과 목표, 방침을
   적극적으로 수용한다(조직과의 일체감이 높음).
(2) **무관심형**: 조직에 대해 소외감을 느끼는 형으로 주로 조직의
   하층부에 분포한다. 직무만족도가 낮고 승진에 대한 욕구도
   크지 않다.
(3) **애매형**: 적극 참여 또는 참여 거절의 성격이 불분명하여 '비
   극적 인간형'이라고 한다. 독립심이 강하고 내성적이며 자기
   는 독립된 한 분야의 전문가라는 자아의식으로 관료제적 권위
   나 규제에 저항성이 강하다. 연구직, 참모직, 막료직 등 한 방
   면의 전문가 집단에서 주로 나타난다.

17 [난이도 중]

해설

총체적 품질관리(TQM; Total Quality Management)
(1) **고객의 요구 존중**
(2) **예방적 통제·장기적 시간관**: 예방적·사전적 통제, 장기적
   시간관에 의한 관리
(3) **총체적 적용·집단적 노력 강조**: 조직 내 모든 사람의 모든
   업무에 적용하고, 조직 내 여러 기능의 연대적 관리 강조
(4) **지속적 개선(무결점주의)**: 결점이 없어질 때까지 개선활동
   반복
(5) **과학적 방법 사용(과학주의)**: 사실자료에 기초한 과학적 품질
   관리기법 적용

(6) **신뢰관리(인간주의)**: 모든 계층의 구성원들 사이에 개방적이고 신뢰하는 관계 설정

(7) **분권적 조직구조**: 조직이 산출하는 재화의 부가가치를 극대화하는 데 유리한 분권적 조직구조 선호

18 [난이도 중]

도표식 평정척도법(Graphic Rating Scale)

직무수행실적·직무수행능력·직무형태 등에 관한 평정요소를 나열하고 각각에 대한 우열의 등급을 표시하는 평정척도를 그린 평정표를 통한 평정방법으로 가장 널리 사용하는 방법이다.

(1) **대상**: 우리나라 5급 이하의 공무원 및 기능직의 평정에 이용된다.

(2) **장점**
   ① 평정서 작성이 간단하고, 평정이 용이
   ② 평정결과의 계량화와 통계적 조정 가능
   ③ 상벌의 목적으로 이용하는 데 효과적

(3) **단점**
   ① 평정요소의 합리적 선정 곤란
   ② 평가요소에 대한 등급의 비교기준이 불명확하여 평정이 임의적일 가능성 존재
   ③ 연쇄화·집중화·관대화의 오차 발생 가능성

19 [난이도 하]

국민건강보험공단의 업무(「국민건강보험법」 제14조)

(1) 가입자 및 피부양자의 자격 관리

(2) 보험료와 그밖에 「국민건강보험법」에 따른 징수금의 부과·징수

(3) 보험급여의 관리

(4) 가입자 및 피부양자의 질병의 조기발견·예방 및 건강관리를 위하여 요양급여 실시 현황과 건강검진 결과 등을 활용하여 실시하는 예방사업으로서 대통령령으로 정하는 사업

(5) 보험급여 비용의 지급

(6) 자산의 관리·운영 및 증식사업

(7) 의료시설의 운영

(8) 건강보험에 관한 교육훈련 및 홍보

(9) 건강보험에 관한 조사연구 및 국제협력

(10) 이 법에서 공단의 업무로 정하고 있는 사항

(11) 「국민연금법」, 「고용보험 및 산업재해보상보험의 보험료징수 등에 관한 법률」, 「임금채권보장법」 및 「석면피해구제법」(이하 "징수위탁근거법"이라 한다)에 따라 위탁받은 업무

(12) 그밖에 이 법 또는 다른 법령에 따라 위탁받은 업무

(13) 그밖에 건강보험과 관련하여 보건복지부장관이 필요하다고 인정한 업무

20 [난이도 중]

사전승인의 원칙은 전통적인 예산원칙으로 입법부 중심의 예산원칙에 해당한다.

현대적 예산원칙(행정부 중심)

(1) 행정부 사업계획(executive programming)의 원칙

(2) 행정부 재량(executive discretion)의 원칙

(3) 행정부 책임(executive responsibility)의 원칙

(4) 보고의 원칙

(5) 수단 구비의 원칙

(6) 다원적 절차의 원칙

(7) 시기 신축성의 원칙

(8) 예산기구 상호성의 원칙

01	02	03	04	05	06	07	08	09	10
①	③	④	②	③	②	③	②	①	①
11	12	13	14	15	16	17	18	19	20
④	②	③	③	①	④	①	①	②	④

01 [난이도 상]

해설

경력개발제도

(1) **경력개발제도의 정의**
　① 경력개발은 개인과 조직이 상호협력하여 경력을 구상하는 구조적이고 조직화된 계획 활동 또는 과정이다.
　② 인적자원 관리의 관점에서 효율적인 인재확보 및 배분과 더불어 종업원들의 성취동기유발을 동시에 추구할 수 있도록 하는 제도로써 조직의 효율성 극대화와 개인의 생애설계요구를 결합시킨 제도를 의미한다.

(2) **경력개발제도의 목적**
　경력개발제도의 목적은 합리적인 인사관리와 효율적인 승진관리의 목표설정에 그 기반을 두고 있으며, 이러한 경력관리의 목적은 크게 두 가지로 나눌 수 있다.
　① 인재확보 및 배치
　　㉠ 경력개발제도는 인재의 효율적인 확보 및 배치를 목적으로 한다.
　　㉡ 기업의 목표달성에 즈음하여 경력관리는 어떤 직책의 담당자가 언제, 어떻게 충원될 수 있는가에 대한 장기·단기의 정보를 제공한다.
　　㉢ 특히 경영상 중요한 직종인 관리직과 전문직의 인원확보 및 배분에 필요한 정보를 제공하고 이에 대한 대책을 강구한다. 보다 구체적으로 경력관리는 종업원의 노동 질 향상, 이직방지, 후계자 양성을 기함으로서 인재의 확보 및 배분에 기여하고 있다.
　② 종업원의 성취동기유발
　　㉠ 경력개발제도는 종업원의 성취동기유발을 그 목적으로 한다.
　　㉡ 경력계획은 종업원에게 승진가능성을 제시함으로써 자기발전을 위한 명확한 목표를 갖고 스스로 질서에 따라 노력하는 기회를 마련해 주고, 또한 기본적으로 직장에 대한 안정감을 명확히 갖고 .자기능력을 유감없이 발휘할 수 있도록 함으로써 종업원의 성취동기를 유발시킨다.

02 [난이도 중]

해설

보건소는 보건행정조직 중 최 일선의 행적조직으로 사업수행을 하는 기관이다.

03 [난이도 중]

해설

보건행정의 기본원리

(1) **사회국가의 원리**: 모든 국민은 인간다운 생활을 할 권리를 가지며 국가는 사회보장·사회복지의 증진에 노력할 의무를 가진다. 생활능력이 없는 국민은 법률이 정하는 바에 의하여 국가의 보호를 받는다고 규정되어 있다.

(2) **법률적합성의 원칙**: 보건행정은 현대 법치국가의 원리에 따라 법률에 의한 행정이 되어야 한다. 즉 행정은 법률에 위반되는 행위를 서는 안 된다.

(3) **평등의 원칙**: 보건행정서비스는 모든 국민에게 균형 있게 제공되어야 한다. 성별, 종교 또는 사회적 신분에 의하여 정치적·경제적·사회적·문화적 생활의 모든 영역에 있어서 차별을 받지 아니한다.

(4) **과잉급부금지의 원칙**: 과도한 보건의료서비스의 제공은 납세자의 부담을 가중시키며 정부의 지나친 간섭과 재정적자 등을 초래할 우려가 있다. 따라서 보건행정은 공익추구에 적절한 범위 내에서 이루어져야 한다.

04 [난이도 중]

해설

보건복지부 소속·산하기관

소속 기관	• 국립정신건강센터, 국립나주병원, 국립부곡병원, 국립춘천병원, 국립공주병원, 국립소록도병원, 국립재활원 • 국립장기조직혈액관리원, 오송생명과학단지지원센터, 국립망향의동산관리원, 건강보험분쟁조정위원회사무국, 첨단재생의료 및 첨단바이오의약품심의위원회
산하 공공 기관	국민건강보험공단, 국민연금공단, 건강보험심사평가원, 한국보건산업진흥원, 한국노인인력개발원, 한국사회보장정보원, 한국보건복지인력개발원, 국립암센터, 대한적십자사, 한국보건의료인국가시험원, 한국장애인개발원, 한국국제보건의료재단, 한국사회복지협의회, 국립중앙의료원, 한국보육진흥원, 한국건강증진개발원, 한국의료분쟁조정중재원, 한국보건의료연구원, 오송첨단의료산업진흥재단, 대구경북첨단의료산업진흥재단, 한국장기조직기증원, 한국한의약진흥원, 의료기관평가인증원, 국가생명윤리정책원, 한국공공조직은행, 아동권리보장원, 한국자활복지개발원

05 [난이도 중]

해설

국민건강보험법의 보험급여

(1) **요양급여**: 가입자와 피부양자의 질병, 부상, 출산 등에 대하여 진찰·검사, 약제(藥劑)·치료재료의 지급, 처치·수술 및 그 밖의 치료, 예방·재활, 입원, 간호, 이송(移送)의 요양급여를 실시한다.

(2) **선별급여(법 제41조의4)**: 요양급여를 결정함에 있어 경제성 또는 치료효과성 등이 불확실하여 그 검증을 위하여 추가적인 근거가 필요하거나, 경제성이 낮아도 가입자와 피부양자의 건강회복에 잠재적 이득이 있는 등 대통령령으로 정하는 경우에는 예비적인 요양급여인 선별급여로 지정하여 실시할 수 있다.

(3) **방문요양급여(법 제41조의5)**: 가입자 또는 피부양자가 질병이나 부상으로 거동이 불편한 경우 등 보건복지부령으로 정하는 사유에 해당하는 경우에는 가입자 또는 피부양자를 직접 방문하여 요양급여를 실시할 수 있다.

(4) **요양비(법 제49조)**: 긴급하거나 그 밖의 부득이한 사유로 요양기관과 비슷한 기능을 하는 기관으로서 보건복지부령으로 정하는 기관에서 질병·부상·출산 등에 대하여 요양을 받거나 요양기관이 아닌 장소에서 출산한 경우에는 그 요양급여에 상당하는 금액을 보건복지부령으로 정하는 바에 따라 가입자나 피부양자에게 요양비로 지급한다.

(5) **부가급여(법 제50조)**: 공단은 이 법에서 정한 요양급여 외에 대통령령으로 정하는 바에 따라 임신·출산진료비, 장제비, 상병수당, 그 밖의 급여를 실시할 수 있다.

(6) **장애인에 대한특례(법 제51조)**: 「장애인복지법」에 따라 등록한 장애인인 가입자 및 피부양자에게는 보조기기에 대하여 보험급여를 할 수 있다.

(7) **건강검진(법 제52조)**: 공단은 가입자와 피부양자에 대하여 질병의 조기발견과 그에 따른 요양급여를 하기 위하여 건강검진을 실시한다. 일반건강검진, 암검진 및 영유아건강검진으로 구분한다.

06 [난이도 중]

> 해설

재무상태표는 재무상태 작성일 현재의 자산·부채 및 자본에 관한 항목을 객관적인 자료에 다라 작성한다.
손익계산서는 회계기간에 속하는 모든 수익과 이에 대응하는 모든 비용을 객관적인 자료에 따라 작성한다.

07 [난이도 상]

> 해설

직위분류제는 공직을 '일 중심', 즉 직무의 종류와 곤란성 및 책임성의 정도를 기준으로 공직을 분류하는 제도이다. 행정의 전문성과 합리성 강화를 목적으로 과학적 관리론의 영향을 받아 도입되었다. 엽관주의의 폐해를 극복하고 실적주의가 강조되는 상황에서 과학적 관리론의 영향으로 합리적인 보수제도의 확립을 위한 직무분석, 직무평가가 촉진됨으로써 발전하였다.

직위분류제의 특징
(1) 개인의 업무수행능력과 지식·기술을 중시한 채용
(2) 개방형 인사제도
(3) 전문행정가의 중시
(4) 동일직무·동일보수로 보상의 공정성
(5) 미약한 신분보장
(6) 직무의 정확한 평가를 통해 적합한 인물을 임용 → 인사행정의 능률성과 합리화

08 [난이도 상]

> 해설

앨리슨(Allison)은 집단적 의사결정을 유형화하여 정부의 정책결정과정을 세 가지 의사결정모형(합리모형, 조직과정모형, 정치모형)을 통해 분석했다.

구분	모형 I (합리모형)	모형 II (조직과정모형)	모형 III (관료정치모형)
조직관	조정과 통제가 잘된 유기체	느슨하게 연결된 하위조직들의 연합체	독립적인 개별행위자들의 집합체
권력	조직의 두뇌와 같은 최고관리층에게 집중	준독립적인 하위조직들이 분산 소유	개별행위들의 정치적 자원에 의존
행위자의 목표	조직 전체의 목표	조직 전체의 목표 + 하위조직들의 목표	조직 전체의 목표 + 하위조직들의 목표 + 개별행위자들의 목표
목표 공유도	매우 강함	약함	매우 약함
정책결정	최고지도자의 명령·지시	표준운영절차(SOP)에 의한 정책결정	정치적 게임의 규칙에 따른 타협, 흥정, 지배
정책 일관성	매우 강함	약함	매우 약함
적용 계층	조직 전반	하위계층	상위계층

① 합리모형은 조직을 조정과 통제가 잘된 유기체로 본다.
③ 정치모형은 권력이 개별행위자들의 정치적 자원에 의존한다.
④ 정치모형은 조직의 상위계층에 적용 가능성이 높은 모형이다.

09 [난이도 하]

> 해설

정책집행시 순응의 확보방안
(1) 교육과 설득을 통하여 순응을 확보한다. 정책집행기관은 교육과 설득을 통하여 정책이 합리적이고 필요하며 사회적으로 유익하다는 것을 이해시키고 동의를 구한다.
(2) 편의의 제공을 통하여 순응을 확보한다. 정책담당자는 정책에 순응하는 사람에게 경제적 이익과 같은 편익을 제공함으로써 대상집단의 자발적인 순응을 유도할 수 있다.
(3) 처벌과 강압과 같은 제재수단을 통하여 순응을 확보한다. 정책의 불응에 대한 벌금을 부과하거나 혜택을 박탈함으로써 순응을 확보한다. 그러나 이 방법은 개인의 인권과 재산권이 침해되며 감정적 적대심을 자극할 수도 있다.
(4) 정책목표를 명확히 하고 정책집행이 일관성 있고 공정하게 이루어질 경우 순응확보가 가능하다.
(5) 정책을 잘 모르는 집단에게 정보를 제공하여 정책에 협조하도록 한다.

10 [난이도 하]

해설

② 등격형, 현상유지형, 열중형, 창도가형, 경세가형 – 다운스(Downs)
③ 작전인, 반응인, 괄호인 – 라모스(Ramos)
④ 상승형, 무관심형, 애매형 – 프레서스(Presthus)

샤인(Schein)의 인간관

(1) **경제적 · 합리적 인간**: 과학적 관리론에서 강조
(2) **사회적 인간**: 인간관계론에서 강조
(3) **자아실현 인간**: 인간은 자기의 능력과 소질을 최대한 발휘하려 함. 인간은 스스로(동기부여의 내재성) 동기를 부여할 수 있으며 자기규제가 가능함
(4) **복잡한 인간**: 현대 조직이론에서 중시하는 현실적인 인간(상황적응론을 따름). 여러 가지 상황변수에 영향을 받음.

11 [난이도 상]

해설

공공재(Public Goods)

(1) 모든 소비자에게 골고루 편익이 돌아가야 하는 재화 및 서비스의 성격을 갖고 있다.
(2) 생산과 소비가 동시에 이루어져 축적되지 않는 성격을 갖고 있다.
(3) 누구도 소비로부터 배제될 수 없는 비배제성과 대가의 지불 없이도 이용과 소비가 지장 받지 않는 무임승차문제가 제기된다.
(4) 타인의 소비로 자신의 소비가 지장을 받지 않는 비경합성의 속성이 있다.

우량재(가치재)

(1) 우량재는 인간의 생존에 필수적이며, 인간이 인간다운 생활을 하기 위해 반드시 향유해야 하는 재화를 의미하는데, 의식주와 기초교육이 대표적이다.
(2) 보건의료서비스 역시 인간의 필수적인 재화이며, 이 때문에 헌법에서도 건강권을 기본으로 규정하고 있으며, 우량재는 소득수준, 사회적 지위, 지역, 사회계층을 막론하고 모든 국민에게 기본적으로 제공되어야 하는 재화이기 때문에 국가가 담당하지 않으면 안된다.
(3) 우량재의 공급을 시장에 맡겨두면 구매능력이 없는 계층은 소외되어 인간다운 생활이 불가능하기 때문에 사회정의와 형평성의 실현을 위해 정부가 적극적으로 개입해야 한다.
(4) 보건의료서비스의 소비를 통해 국민 개인뿐만 아니라 국가 전체에도 장기적 편익을 가져다 준다.
(5) 적절한 보건의료서비스를 통하여 건강을 보호한다는 것은 질병의 파급효과를 줄이게 되며 그 혜택은 당사자뿐만 아니라 그 가족 혹은 사회전체에 돌아가기 때문에 우량재적 성격을 지닌다.

12 [난이도 중]

해설

② 내부에 위생국이 신설되어 최초의 근대적 의미의 보건행정기관으로서의 역할을 하였다.

조선말기 주요 사건

(1) **종두법**: 1879년 지석영에 의해 최초의 종두법 실시. 『우두신설(牛痘新設)』 펴내 우두법 보급, 1899년 전국적으로 시행
(2) **광혜원**: 미국 선교사 알렌을 궁중전의로 위촉하여 1885년 최초의 서양식 국립의료기관인 왕립광혜원 설립(이후 제중원으로 개칭), 서양의학의 도입 → 연세대학교 의과대학
(3) **갑오경장(1894년, 고종31년)**: 내부(內部)에 위생국(위생과, 의무과) 신설. 최초의 근대적 의미의 보건행정기관으로 전염병의 예방 및 일체의 공중위생 업무에 관한 사항, 검역, 의약업무를 담당(공중보건사업의 효시)
(4) **광제원(1899년 내부 소속)**
   ① 1899년 내부병원 → 1900년 광제원 → 1907년 대한병원
   ② 광제원은 일반 환자를 구료하는 이 외에 전염병을 취급하였다.
   ③ 내부병원에서서는 종두업무를 취급하였으나 광제원으로 개칭되면서 한성종두사가 독립되어 종두업무는 분리되었다.

13 [난이도 하]

해설

보건소의 기능 및 업무

(1) 건강 친화적인 지역사회 여건의 조성
(2) 지역보건의료정책의 기획, 조사 · 연구 및 평가
   ① 지역보건의료계획 등 보건의료 및 건강증진에 관한 중장기 계획 및 실행계획의 수립 · 시행 및 평가에 관한 사항
   ② 지역사회 건강실태조사 등 보건의료 및 건강증진에 관한 조사 · 연구에 관한 사항
   ③ 보건에 관한 실험 또는 검사에 관한 사항
(3) 보건의료인 및 「보건의료기본법」 제3조 제4호에 따른 보건의료기관 등에 대한 지도 · 관리 · 육성과 국민보건 향상을 위한 지도 · 관리
   ① 의료인 및 의료기관에 대한 지도 등에 관한 사항
   ② 의료기사 · 보건의료정보관리사 및 안경사에 대한 지도 등에 관한 사항
   ③ 응급의료에 관한 사항
   ④ 「농어촌 등 보건의료를 위한 특별조치법」에 따른 공중보건의사, 보건진료 전담공무원 및 보건진료소에 대한 지도 등에 관한 사항
   ⑤ 약사에 관한 사항과 마약 · 향정신성의약품의 관리에 관한 사항
   ⑥ 공중위생 및 식품위생에 관한 사항
(4) 보건의료 관련기관 · 단체, 학교, 직장 등과의 협력체계 구축
(5) 지역주민의 건강증진 및 질병예방 · 관리를 위한 다음 각 목의 지역보건의료서비스의 제공
   ① 국민건강증진 · 구강건강 · 영양관리사업 및 보건교육
   ② 감염병의 예방 및 관리
   ③ 모성과 영유아의 건강유지 · 증진

④ 여성·노인·장애인 등 보건의료 취약계층의 건강유지·증진
⑤ 정신건강증진 및 생명존중에 관한 사항
⑥ 지역주민에 대한 진료, 건강검진 및 만성질환 등의 질병관리에 관한 사항
⑦ 가정 및 사회복지시설 등을 방문하여 행하는 보건의료사업 및 건강관리사업
⑧ 난임의 예방 및 관리[시행일: 2020. 6. 4.]

14 [난이도 중]

해설

본인일부부담제도

(1) **정률부담제(정률제)**: 보험자가 의료비의 일정 비율만을 지불하고 본인이 나머지 부분을 부담하는 방식이다.

(2) **일정금액공제제**: 의료비가 일정 수준에 이르기까지는 전혀 보험급여를 해 주지 않아 일정액까지는 피보험자가 그 비용을 지불하고, 그 이상의 비용만 보험급여로 인정하는 것이다.

(3) **급여상한제**: 보험급여의 최고액을 정하여 그 이하의 의료비에 대해서는 보험급여를 적용해 주고 초과하는 의료비에 대해서는 의료서비스 이용자가 부담하는 방식이다.

(4) **정액부담제**: 의료이용의 내용과 관계없이 이용하는 의료서비스 건당 일정액만 의료서비스 이용자가 부담하고 나머지는 보험자가 부담하는 방식이다.

(5) **정액수혜제**: 의료서비스 건당 일정액만 보험자가 부담하고 나머지는 환자가 지불하는 방식이다.

15 [난이도 상]

해설

리더십의 수준

(1) **최고관리층 리더십**: 보건행정조직을 이끌어 나갈 전반적인 책임을 지고 있는 계층으로 보건행정의 경우 장·차관을 대상으로 생각할 수 있다.
　① 조직의 목표 및 정책의 설정: 다분히 비정형적인 것, 즉 선례가 없는 창의력을 요하는 것이 많아지며, 종래의 물질·금전·인재관리보다 정보관리나 정치적 지지획득에 더 시간과 정력을 소모하게 된다.
　② 자원의 동원: 인적 및 물적 자원, 상징적인 것이 포함되는데 장·차관의 경우 무엇보다도 정치적 지원을 획득하는 것이다.
　③ 통제·조정·통합

(2) **중간관리층 리더십**: 보건행정에서 정책의 1차 책임이 장·차관에게 있다면 중간관리자인 국·과(팀)장이 할 일은 한정된 범위 내에서 스스로 결정하는 것과 전문가로서 장·차관에게 조언을 하고 새로운 정보, 새로운 아이디어를 제공하는 데 있다.

(3) **하위관리층 리더십**: 일선 직원들과 매일 매일 정상적으로 접촉하는 관리자를 포함한다. 보건행정의 경우 보건복지부의 계장급인 사무관(5급), 담당인 주무관(6급, 7급) 등을 들 수 있다. 사업을 감독하고 일선 직원들에게 업무를 위임 또는 분담시키고 서비스가 제대로 제공되고 있는가를 검토한다.

16 [난이도 상]

해설

④ 깨끗하고 안전하며 질 높은 도시의 물리적 환경 - 건강도시의 조건

제9차 건강증진을 위한 국제회의(2016년 11월 중국의 상하이)에서는 건강도시 관련 시장회의를 통해 '건강과 웰빙을 위해 일하는 도시가 지속가능한 도시'라고 정하고 건강을 위한 거버넌스를 구축하고 건강도시 프로그램을 실현한다고 결의하였다.

> **건강도시 실현의 10가지 우선순위**
> ① 교육, 주거, 고용, 안전 등 주민에게 기본적인 욕구를 충족하는 것
> ② 대기, 수질, 토양오염을 저감하고 기후변화에 대응하는 것
> ③ 어린이에게 투자하는 것
> ④ 여성과 청소년 여학생에게 안전한 환경을 조성하는 것
> ⑤ 도시의 가난한 사람, 이민자, 체류자 등의 건강과 삶의 질 높이는 것
> ⑥ 여러 가지 형태의 차별을 없애는 것
> ⑦ 감염병으로부터 안전한 도시를 만드는 것
> ⑧ 도시의 지속가능한 이동을 위해 디자인하는 것
> ⑨ 안전한 식품과 건강식품을 제공하는 것
> ⑩ 금연 환경을 조성하는 것

17 [난이도 중]

해설

총체적 품질관리(TQM; Total Quality Management)의 원칙

(1) **고객지향**: 품질이란 기관이 설정해 놓은 기준이 아니라 상품이나 서비스 등 산출물을 취하는 고객의 요구와 기대에 따르는 것으로 정의

(2) **체제적 사고**: 체제적인 관점에서 품질향상을 위한 작업과정을 다루며 체제는 기능에 있어서 상호 관련된 여러 개의 하위체제들로 구성

(3) **지속적 개선**: 상품이나 서비스의 생산에 있어서 실수가 없을 때까지 작업과정들을 개선시키는 데 초점

(4) **조직구성원의 참여 강화**

18 [난이도 하]

해설

앤더슨(Anderson)의 의료이용 예측모형

앤더슨모형은 개인의 의료서비스 이용이 소인성 요인, 가능성 요인, 필요 요인에 의해 결정되는 것으로 설명하였다.

(1) **소인성 요인**
　① 의료서비스 이용에 관련되는 개인적 특성들
　② 인구학적인 변수: 성, 연령, 결혼상태, 가족구조 등
　③ 사회구조적 변수: 직업, 교육수준, 인종 등
　④ 개인의 건강 및 의료에 대한 믿음

(2) **가능성 요인**
　① 개인과 가족의 자원: 소득, 건강보험, 주치의 유무 등
　② 지역사회 자원: 의료인력과 시설의 분포, 의료전달체계의 특성, 의료비 등

(3) **필요 요인**
　① 환자가 느끼는 필요(욕구)
　② 전문가가 판단한 의학적 필요
　③ 의료 이용을 가장 직접적으로 결정하는 요인

19　[난이도 하]

해설

보건의료조직은 환자의 진단과 치료, 의학 · 의료 기술의 연구, 의료인력의 교육과 훈련, 공중보건기능 등 다양하다. 또한 병원의 이해관계집단의 요구를 수용하기 위해 환자에게는 양질의 의료를 제공하고, 병원직원에게는 직업생활의 질을 보장하며, 경영자에게는 설립목적의 달성과 투입자본의 안정성을 보장하면서, 지역사회 또는 국가에 대해서는 의학발전, 의료인 공급, 의료제도 개선 등의 임무를 수행해야 하는 다양한 목적달성에 이바지해야 한다.

20　[난이도 중]

해설

① 종합병원 중에서 <u>중증질환에 대한 난이도가 높은 의료행위를 전문적으로 하는 종합병원</u>이다.
② <u>보건복지부령으로 정하는 20개 이상의 진료과목을 갖추고 각 진료과목마다 전속하는 전문의를 두어야 한다.</u>
③ <u>전문의가 되려는 자를 수련시키는 병원</u>이어야 한다.

> **상급종합병원 지정(의료법 제3조의4)**
> ① 보건복지부장관은 다음 각 호의 요건을 갖춘 종합병원 중에서 중증질환에 대하여 난이도가 높은 의료행위를 전문적으로 하는 종합병원을 상급종합병원으로 지정할 수 있다.
> 　1. 보건복지부령으로 정하는 20개 이상의 진료과목을 갖추고 각 진료과목마다 전속하는 전문의를 둘 것
> 　2. 제77조제1항에 따라 전문의가 되려는 자를 수련시키는 기관일 것
> 　3. 보건복지부령으로 정하는 인력 · 시설 · 장비 등을 갖출 것
> 　4. 질병군별(疾病群別) 환자구성 비율이 보건복지부령으로 정하는 기준에 해당할 것
> ② 보건복지부장관은 제1항에 따른 지정을 하는 경우 제1항 각 호의 사항 및 전문성 등에 대하여 평가를 실시하여야 한다.
> ③ 보건복지부장관은 제1항에 따라 상급종합병원으로 지정받은 종합병원에 대하여 3년마다 제2항에 따른 평가를 실시하여 재지정하거나 지정을 취소할 수 있다.
> ④ 보건복지부장관은 제2항 및 제3항에 따른 평가업무를 관계 전문기관 또는 단체에 위탁할 수 있다.
> ⑤ 상급종합병원 지정 · 재지정의 기준 · 절차 및 평가업무의 위탁 절차 등에 관하여 필요한 사항은 보건복지부령으로 정한다.

제3회 최종 모의고사

01	02	03	04	05	06	07	08	09	10
②	②	③	②	②	③	④	④	②	③
11	12	13	14	15	16	17	18	19	20
①	③	④	④	④	①	③	①	①	②

01　[난이도 중]

해설

건강증진 접근원칙
(1) **옹호**: 건강에 대한 관심을 불러일으키고 보건의료의 수요를 충족시킬 수 있는 건강한 보건정책을 수립하도록 강력히 촉구하는 것
(2) **역량강화(empowerment)**: 본인과 가족의 건강을 유지할 수 있게 하는 것을 그들의 권리로서 인정하며 이들이 스스로 건강관리에 적극 참여하며 자신들의 행동에 책임을 느끼게 하는 것
(3) **연합(alliance)**: 모든 사람들이 건강을 위한 발전을 계속하도록 건강에 영향을 미치는 경제, 언론, 학교 등 모든 관련 분야 전문가들이 협조하는 것

02　[난이도 하]

해설

조정의 원리는 조직 공동의 목표를 달성하기 위하여 하위체계 간의 노력의 통일을 기하기 위한 과정이다.

03　[난이도 중]

해설

WHO 주요내용
1946년 뉴욕에서 국제보건회의 의결에 의하여 WHO 헌장 제정 후 1948년 정식 발족하였다.
(1) 1948년 4월 7일 발족
(2) UN 보건전문기관
(3) 본부: 스위스 제네바
(4) 사무총장의 임기 5년(연임 가능)
(5) 예산: 회원국의 법정분담금과 자발적 기여금(WHO 헌장 및 재정규칙에 따라 각 회원국이 WHO에 납부)
(6) 주요보건사업: 결핵관리사업, 모자보건사업, 영양개선사업, 환경위생사업, 보건교육사업, 성병 · AIDS사업, 말라리아사업

04　[난이도 하]

해설

정보의 비대칭(소비자의 무지) 특성으로 인하여 공급이 과잉되었을 때 과잉진료(공급자에 의한 유인수요) 발생할 수 있다.

05 [난이도 상]

해설

② 공공보건의료에 관한 임상진료지침의 개발 및 보급-국립중앙
의료원의 주요사업

질병관리청 핵심사업

(1) **감염병으로부터 국민보호 및 안전사회 구현**
　① 신종 및 해외 유입 감염병에 대한 선제적 위기 대응 체계
　　강화
　② 결핵, 인플루엔자, 매개체 감염병 등 철저한 감염병 관리
　　예방
　③ 국가예방접종 지원 확대 및 이상 반응 감시 등 안전 관리
　④ 고위험병원체 안전 관리를 통한 생물 안전 보장
　⑤ 의료감염 관리 및 항생제 내성 예방

(2) **효율적 만성질환 관리로 국민 질병부담 감소**
　① 만성질환 예방과 건강행태 개선을 위한 건강통계 생산 및
　　근거 정보 지원
　② 고혈압, 당뇨병 등 심뇌혈관질환, 알레르기질환 등 만성질
　　환 예방관리
　③ 국가 금연정책 지원을 위한 조사 및 흡연 폐해 연구
　④ 국가관리 대상 희귀질환 지정 지원
　⑤ 장기기증자 등 예우 지원 강화와 생명 나눔 인식 제고
　⑥ 미세먼지 건강 영향 감시, 취약계층 보호 대책 마련
　⑦ 기후변화(폭염, 한파 등) 건강 피해 예방

(3) **보건 의료 R&D 및 연구 인프라 강화로 질병 극복**
　① 감염병 R&D를 선도하는 컨트롤 타워
　② 건강수명연장을 위한 만성질환 연구 강화
　③ 보건 의료 연구 자원 공유·개방
　④ 4차 산업혁명 대비 첨단 의료 연구 강화

06 [난이도 하]

해설

보건진료소는 의료취약지역을 인구 5천명 미만을 기준으로 구분
한 하나 또는 여러 개의 리·동을 관할구역으로 하여 주민이 편
리하게 이용할 수 있는 장소에 설치한다. 군수는 보건진료소를
설치한 때에는 지체 없이 관할 시·도지사를 거쳐 보건복지부장
관에게 보고하여야 한다.

07 [난이도 중]

해설

역진세율이란 소득액 또는 재산액이 적어짐에 따라 이에 대한 조
세의 비율이 점차 증가하는 세율을 말한다. 소득액 또는 재산액
이 적을수록 세율 자체가 커진다고 하는 조세는 통상 존재하지
아니하나, 가령 생필품에 대한 소비세를 상정한 경우에는 소득액
100만원인 자도 소득액 500만원인 자와 거의 동일량을 소비하고,
따라서 소비세부담도 동일하게 된다. 이 경우 소비세액을 2만원
이라고 가정하면 전자에 대한 조세비율은 2%가 되고 후자에 대
해서는 0.4%로 되어 역진세의 작용이 생기는 것으로 볼 수 있다.
이와 같이 소득이 적은사람이 소득이 높은 사람에 비해 경제적
부담이 커지는 현상을 역진적재분배라 한다.

08 [난이도 하]

해설

우리나라의 의료보험 도입
* 1977년: 500인 이상 작업장에 강제로 의료보험 실시
* 1979년: 공무원 및 사립학교 교직원 의료보험 실시
* 1988년: 농어촌지역 의료보험 실시
* 1989년: 도시지역 자영업자 의료보험 실시
* 2000년: 의료보험 통합

09 [난이도 중]

해설

예산 불성립 시의 종류
(1) **가예산**: 회계연도 개시 이전에 최초 1개월분의 예산을 국회
　의 의결로 집행할 수 있도록 하는 제도
(2) **준예산**: 정부가 국회에서 예산안이 의결될 때까지 전년도 예
　산에 준하는 경비를 지출할 수 있게 하는 제도
(3) **잠정예산**: 몇 개월분에 해당하는 일정 금액을 국고로부터 지
　출할 수 있도록 허가해 주는 제도

10 [난이도 중]

해설

정책유형과 예시
(1) **분배정책**: 정부의 도로건설, 기업에 대한 수출보조금, 하천 및
　항만사업, 지방단체 국고보조금, 무의촌에 대한 보건진료, 택
　지공급, 벤처기업 창업지원금, 농업장려금, 주택자금의 대출,
　택지분양 등
(2) **규제정책**: 환경오염과 관련된 규제, 공공요금 규제, 기업활동
　규제, 의료기관 과대광고 규제, 독점금지, 부동산투기억제책,
　노점상 단속 등
(3) **재분배정책**: 공공부조제도, 누진소득세 제도, 저소득층에 대
　한 세액 공제나 감면, 영세민 취로사업, 임대주택의 건설 등
(4) **구성정책**: 정부기관의 설립이나 변경, 선거구 조정 등 정부기
　구의 구성 및 조정과 관련된 정책, 공직자의 보수 책정, 군인
　퇴직연금에 관한 정책
(5) **추출정책**: 조세, 징병, 공중보건의 제도, 강제저축, 방위성금,
　물자수용, 강제적 토지수용, 노력동원 등
(6) **상징정책**: 애국지사 동상 건립, 경복궁 복원, 군대열병, 88서
　울올림픽, 대전 엑스포, 평창 동계올림픽 등

11 [난이도 중]

해설

고전적 조직이론
(1) 고전적 조직이론은 조직의 구조적 또는 기계적인 관점을 대표
　하는 초기의 행정이론으로, 외부환경보다는 조직 내부의 합리
　적·능률적 관리에 초점
(2) 최소의 비용과 노력으로 최대의 산출을 확보하는 능률성을 가
　장 중요한 가치기준으로 삼고, 공식구조 중심의 과학적 관리
　기술을 연구하는 관리이론

(3) 공식구조에 대한 과학적 분석 중시: 과학적 관리란 과학적 관찰과 분석을 통해 발견한 관리원칙을 지키는 것이라고 보고, 발견 가능한 유일최선의 방법을 찾는 데 주력

(4) 명확한 목표와 반복적 훈련 강조: 명확한 목표를 세우고, 직무를 분석하여 각 직무마다 표준화된 작업방법 개발(작업의 표준화), 반복적 훈련 중시

12 [난이도 하]

해설

서치만(Suchman)의 평가기준

(1) **업무량/노력(Effort) 평가**: 사업 활동량 및 질을 포함하는 투입에너지와 투입량을 의미하는 것이다.

(2) **성과(Prformance) 평가**: 투입된 노력의 결과로 나타나는 측정된 효과를 의미한다.

(3) **성과의 충족량(Adequacy of Performance) 평가**: 효과 있는 사업 활동이 얼마나 수요를 충족했는가를 보는 것이다. 실제로 기대 또는 요구되는 목표량에 대한 실적량의 비율이 클수록 충족량은 높다고 평가한다.

(4) **효율성(Efficiency) 평가**: 투입된 인력, 비용, 시간 등 여러 가지 측면에서 각 대안들을 비교·검토하는 방법이다. 이 평가는 투입된 노력이 과연 적절한 것이었던가를 측정하려는 데 있다. 즉 투입된 인력, 예산, 시간 등을 고려하여 단위당 얻은 결과가 최대일 때 효율성이 가장 높다고 할 수 있다.

(5) **업무진행과정(Process) 평가**: 사업의 업무진행과정을 분석함으로써 그 사업의 성패요인을 파악하는 것이다.

13 [난이도 하]

해설

예외적으로 상급종합병원에서 1단계 요양급여를 받을 수 있는 경우

(1) 응급환자
(2) 분만
(3) 치과
(4) 재활의학과(작업치료·운동치료 등을 위한 경우)
(5) 가정의학과
(6) 당해 요양기관에서 근무하는 가입자
(7) 혈우병환자

14 [난이도 하]

해설

자유방임형 보건의료체계

(1) 의료서비스의 제공이나 이용에 있어 정부의 통제나 간섭이 최소화되고, 민간부문에 의하여 자율적으로 이루어지는 형태이다.

(2) 이용자의 선택에 따라 의료기관을 이용할 수 있는 체계로, 보건의료는 상품으로 취급된다.

(3) 최소한의 정부개입으로 재원조달과 의료시설이 민간에 의해 주도된다.

15 [난이도 상]

해설

④ 보험사고는 예측 불가능해야 한다. 예측이 가능하면 개인은 사전에 경제적 대비를 할 것이다. 그러나 질병의 경우 발생을 사전에 예측하여 미리 준비하기란 불가능하다.

건강보험의 본질적 특징

(1) 건강보험에서의 보험사고는 일반적으로 일시적 사고이다. 그러나 일시적 사고라 할지라도 고의나 예측할 수 있는 사고 또는 교통사고 등과 같이 가해자를 알 수 있는 사고는 제외된다.

(2) 건강보험은 경제적 부담의 경감을 목표로 한다.

(3) 건강보험은 다수가 가입해야 한다.

(4) 보험사고는 예측이 불가능해야 한다.

(5) 건강보험의 보험료는 개인, 국가, 사용자가 일부 부담하는 것이 보통이다.

16 [난이도 중]

해설

점증모형은 기존의 정책이나 결정을 일단 긍정적으로 검토하고, 그것보다 약간 향상된 대안(현존정책±α)에 대해서만 부분적·순차적으로 탐색하여 의사결정하는 모형이다. 정책결정자는 여러 대안을 포괄적으로 분석·평가하기보다는 현재의 수준보다 좀 더 향상된 수준에만 관심을 갖는다. 미래의 사회목표 증진보다는 현재의 사회문제에 대한 개선에 중점을 두는 결정모형으로 비교적 한정된 수의 중요한 특정 정책을 계속적으로 수정·보완하기 때문에 시민과 정치인의 지지를 얻을 수 있다(정치적 합리성 중시).
② 현실적으로 제한된 합리성을 추구한다. – 만족모형
③ 합리적 모형과 초합리적 모형을 함께 고려한다. – 최적모형
④ 의사결정자의 전지전능성의 가정을 전제로 한다. – 합리모형

17 [난이도 중]

해설

블라우와 스코트(Peter Blau & Richard Scott)의 조직 분류
조직의 수혜자가 누구인가에 따라 4가지로 유형화하였다.

(1) **호혜적 조직**: 조직 구성원을 위한 상호이익이 가장 중요한 목표인 조직(정당, 노동조합, 이익단체)

(2) **기업적 조직**: 소유주가 조직의 수혜자인 조직으로 능률성을 강조하는 조직(일반 민간기업, 은행, 보험회사)

(3) **서비스조직(봉사조직)**: 고객을 위한 조직으로 조직은 고객과 정기적·직접적으로 관계를 가짐(병원, 학교, 사회사업기관, 법률상담소)

(4) **공익조직(대중복리조직)**: 공익 추구 조직으로 일반대중이 수혜자가 되는 조직(행정기관, 소방서, 경찰서)

18 [난이도 상]

해설

SWOT분석

(1) 조직의 환경분석을 통해 강점과 약점, 기회와 위협 요인을 규정하고 이를 토대로 마케팅 전략을 수립하는 기법이다.

(2) 어떤 조직의 내부환경을 분석하여 강점과 약점을 발견하고, 외부환경을 분석하여 기회와 위협을 찾아내어 이를 토대로 강점은 살리고 약점은 죽이고, 기회는 활용하고 위협은 억제하는 마케팅을 수립하는 전략이다.

(3) SWOT 분석을 통한 전략의 도출

	강점(내부, 긍정적)	약점(내부, 부정적)
기회 (외부, 긍정적)	강점 – 기회전략(SO) Maxi–Maxi 조직의 어떤 강점이 기회를 극대화하기 위해 사용될 수 있는가? 공격적 전략: 사업구조, 영역, 시장의 확대	약점 – 기회 전략(WO) Mini–Maxi 조직의 약점을 최소화하기 위해 확인된 기회를 활용하여 어떤 행동을 취할 수 있는가? 국면전환 전략: 구조조정, 혁신운동
위협 (외부, 부정적)	강점 – 위협 전략(ST) Maxi–Mini 확인된 위협을 최소화하기 위해 조직의 강점을 어떻게 사용할 것인가? 다각화 전략: 새로운 사업 진출, 새로운 시장, 새로운 기술, 새로운 고객	약점 – 위협 전략(WT) Mini–Mini 위협을 회피하기 위해 조직의 약점을 어떻게 최소화할 것인가? 방어적 전략: 사업의 축소나 폐기

19 [난이도 중]

해설

맥클리랜드(McClelland)의 성취동기이론

(1) 모든 사람이 비슷한 욕구와 계층을 가지고 있다는 매슬로(Maslow)의 욕구계층이론을 비판

(2) 개인의 동기는 사회문화와 상호 작용하는 과정에서 취득되고 학습되는 것으로 개인마다 욕구의 계층에 차이가 있음

(3) 학습된 욕구들을 성취욕구, 권력욕구, 친교욕구로 분류하고 조직 내 성취욕구의 중요성에 중점을 둔 성취동기이론을 제시하였다.

(4) **욕구의 유형**

① **권력 욕구**: 타인의 행동에 영향력을 미치거나 통제하려는 욕구

② **친교 욕구**: 타인과 따뜻하고 친근한 관계를 유지하려는 욕구

③ **성취 욕구**: 어려운 일을 성취하려는 욕구, 장애를 극복하고 높은 수준을 유지하려는 욕구, 성공적 기업가가 되게 하는 요인

20 [난이도 중]

해설

제5차국민건강증진종합계획(Health Plan 2030)의 중점과제

(1) **건강생활 실천**: 금연, 절주, 영양, 신체활동, 구강건강

(2) **정신건강 관리**: 자살예방, 치매, 중독, 지역사회 정신건강

(3) **비감염성질환 예방관리**: 암, 심뇌혈관질환(심혈관질환, 선행질환), 비만, 손상

(4) **감염 및 환경성질환 예방관리**: 감염병예방 및 관리(결핵, 에이즈, 의료관련감염, 항생제 내성, 예방행태개선), 감염병위기대비대응(검역/감시, 예방접종), 기후변화성질환

(5) **인구집단별 건강관리**: 영유아, 청소년, 여성, 노인, 장애인, 근로자, 군인

(6) **건강친화적 환경 구축**: 건강친화적법제도 개선, 건강정보이해력제고, 혁신적정보기술의 적용, 재원마련 및 운용, 지역사회지원(인력, 시설) 확충 및 거버넌스 구축

제4회 최종 모의고사

01	02	03	04	05	06	07	08	09	10
④	④	③	②	④	③	①	①	③	①
11	12	13	14	15	16	17	18	19	20
①	①	①	②	③	④	②	①	④	③

01 [난이도 상]

해설

경상의료비(Current Health Expenditure)
(1) 보건의료서비스와 재화의 소비를 위한 국민 전체의 1년간의 지출 총액을 지칭한다.
(2) 경상의료비 = 개인의료비 + 집합보건의료비
(3) **개인(personal)의료비**: 개인에게 직접 주어지는 서비스 내지 재화에 대한 지출을 의미한다.
(4) **집합(collective)의료비**: 공중을 대상으로 하는 보건의료 관련 지출로, 크게 예방 및 공중 보건사업이나 보건행정관리비로 구분된다.
(5) 경상의료비는 국제적 비교 가능성 및 시계열적 일관성의 관점에서 판단하여 적절한 대상을 형성해가는 작업으로, 국제적 비교를 위한 국가 간의 약속이다.

02 [난이도 상]

해설

① 의원급 의료기관은 의사, 치과의사 또는 한의사가 주로 외래환자를 대상으로 그 의료행위를 하는 의료기관이다.
② 병원, 한방병원은 30개 이상의 병상을 갖추어야 하고 요양병원은 요양병상을 갖추어야 한다.
③ 100개 이상 300병상 이하의 종합병원은 내과, 외과, 소아청소년과, 산부인과 중 3개 진료과목과 영상의학과, 마취통증의학과, 진단검사의학과 또는 병리과를 포함한 7개 이상의 진료과목을 갖추고 각 진료과목 마다 전속하는 전문의를 두어야 한다.

03 [난이도 중]

해설

(1) **사회보장의 순기능**: 최저생활 보장 기능, 소득재분배기능, 사회적 연대 기능, 경제적 기능, 정치적 기능
(2) **사회보장의 부정적 기능**: 사회보장비용의 증가, 근로의욕 감소, 빈곤의 함정, 도덕적 해이 등을 유발

04 [난이도 중]

해설

(1) **기계적 구조**: 엄격히 규정된 직무, 많은 규칙과 규정(높은 공식화), 집권적 권한, 분명한 명령체계, 좁은 통솔범위, 낮은 팀워크를 특징으로 하는 조직구조

(2) **유기적 구조**: 적은 규칙과 규정(낮은 공식화), 분권적 권한, 광범위한 직무, 넓은 통솔범위, 높은 팀워크를 특징으로 하는 조직구조로 환경에 대한 뛰어난 적응성이 장점

05 [난이도 하]

해설

공중보건의 제도는 추출정책에 해당한다.
• **분배정책**: 정부의 도로건설, 기업에 대한 수출보조금, 하천 및 항만사업, 지방단체 국고보조금, 무의촌에 대한 보건진료, 택지 공급, 벤처기업 창업지원금, 농업장려금, 주택자금의 대출, 택지 분양 등
• **재분배정책**: 공공부조제도, 누진소득세 제도, 저소득층에 대한 세액 공제나 감면, 영세민 취로사업, 임대주택의 건설 등
• **구성정책**: 정부기관의 설립이나 변경, 선거구 조정 등 정부기구의 구성 및 조정과 관련된 정책, 공직자의 보수 책정, 군인 퇴직연금에 관한 정책
• **상징정책**: 애국지사 동상 건립, 경복궁 복원, 군대열병, 88서울올림픽, 대전 엑스포, 평창 동계올림픽 등

06 [난이도 하]

해설

존 프라이(John Fry)는 소비자의 의료기관선택과 의료서비스제공에 따라 자유방임형, 사회보장형, 사회주의 형으로 분류하였다.

07 [난이도 상]

해설

② 특별회계는 특정한 수입과 특정한 목적을 위하여 지출이 이루어지는 회계의 예산이다. 특정한 세입으로 특정한 세출에 충당함으로써 일반회계와 구분하는 것이 예산운영에 능률성이 있을 것으로 확실시 되는 경우에 설치하는 예산이다.
③ 기금은 사업운영상 필요할 대 법률로서 정하는 경우에 한해 별도로 설치하여 일반회계나 특별회계와 달리 예산 외로 운영이 가능하다. 기금 결산 시 국회의 결산심의와 승인을 받는다.
④ 기금은 합목적성 차원에서 집행절차가 상대적으로 자율적이고 탄력적이다. 일반회계와 특별회계는 헌법성에 입각하여 엄격히 통제되고 예산의 목적 외 사용 금지 원칙이 적용된다.

08 [난이도 중]

해설

국민건강증진종합계획
(1) **국민건강증진종합계획의 수립(국민건강증진법 제4조)**
① 보건복지부장관은 제5조의 규정에 따른 국민건강증진정책심의위원회의 심의를 거쳐 국민건강증진종합계획(이하 "종합계획"이라 한다)을 5년마다 수립하여야 한다. 이 경우 미리 관계중앙행정기관의 장과 협의를 거쳐야 한다.
② 종합계획에 포함되어야 할 사항은 다음과 같다.
  1. 국민건강증진의 기본목표 및 추진방향
  2. 국민건강증진을 위한 주요 추진과제 및 추진방법
  3. 국민건강증진에 관한 인력의 관리 및 소요재원의 조달 방안

4. 제22조의 규정에 따른 국민건강증진기금의 운용방안

4의2. 아동·여성·노인·장애인 등 건강취약 집단이나 계층에 대한 건강증진 지원방안

5. 국민건강증진 관련 통계 및 정보의 관리 방안

6. 그밖에 국민건강증진을 위하여 필요한 사항

(2) **실행계획의 수립 등(제4조의2)**

① 보건복지부장관, 관계중앙행정기관의 장, 특별시장·광역시장·특별자치시장·도지사·특별자치도지사(이하 "시·도지사"라 한다) 및 시장·군수·구청장(자치구의 구청장에 한한다. 이하 같다)은 종합계획을 기초로 하여 소관 주요시책의 실행계획(이하 "실행계획"이라 한다)을 매년 수립·시행하여야 한다.

② 국가는 실행계획의 시행에 필요한 비용의 전부 또는 일부를 지방자치단체에 보조할 수 있다.

09 [난이도 생]

해설

① **허츠버그의 2요인 이론**: 조직 구성원에게 불만을 주는 위생요인과 만족을 주는 동기요인은 <u>상호 독립되어 있다.</u>

② **맥클리랜드의 성취동기이론**: 개인의 동기는 사회문화와 상호작용하는 과정에서 취득되고 학습되는 것으로 <u>개인마다 욕구의 계층에 차이가 있다는</u> 전제로 욕구의 유형들을 성취욕구, 권력욕구, 친교육구로 분류하였다.

④ **브룸의 기대이론**: 기대, 수단성, 유인가의 세 가지 변수가 모두 높을 때 동기부여의 수준이 가장 높아지며, 반대로 세 가지 변수 가운데 한 가지의 값만 낮아도 동기부여의 수준이 낮아진다.

10 [난이도 중]

해설

변이형(직접제공형)

(1) 뉴질랜드, 영국, 스웨덴, 덴마크 등 NHS 또는 지방보건서비스제도를 시행하고 있는 국가에서 재정으로 국민들에게 의료를 보장하는 형태이다.

(2) 사회보험형 국가로 보험공단이 보험료를 징수함과 동시에 직접 의료시설을 건립하여 적용자에게 보험공단이 직영하는 병원(국민건강보험공단 일산병원)이나 진료소를 통하여 서비스를 제공한다.

(3) 사회보장제도에 속하지는 않지만 미국의 건강유지기구(HMO) 가운데 일부가 의료기관을 소유하여 적용자에게 의료서비스를 제공하는 형태이다.

11 [난이도 생]

해설

건강보험이 갖추어야 할 기본 요건

(1) **접근성(access)의 보장**: 건강보험 급여를 개인의 지불능력과 상관없이 언제 어디서나 필요에 따라 제공받을 수 있는 기회가 모든 국민에게 보장되어야 한다.

(2) **효율성(efficiency)의 확보**: 효율성이란 투입(input)대비 결과(output)인 능률성과 목표달성도인 효과성을 포함한 의미로 건강보험의 주어진 성과목표를 달성하기 위해 한정된 자원(재원, 인력, 장비, 물품, 시설 등)을 적절히 활용해야 한다. 최소한의 비용으로 최대의 산출을 추구하는 비용 효율성(cost efficiency)과 건강보험제도가 궁극적 목표를 달성할 수 있도록 자원이 최적 배분되는 배분적 효율(allocative efficiency)을 충분히 고려해야 한다.

(3) **형평성(equity)의 확보**: 보험료 부담 및 급여 혜택에 있어서 건강보험 가입자간 소득수준 등 부담능력에 따라 공평하게 분담되고 필요에 따른 의료이용이 보장되어야 한다.

(4) **지속가능성(sustainability)의 확보**: 보험 수지 상등의 원칙에 입각하여 건강보험의 재정수입 대비 지출이 적정 수준을 유지함으로써 제도가 지속적으로 유지되어야 한다. 지속가능성을 위해 건강보험 재원은 양적으로 일정수준 확보되어 안정적인 동시에, 미래의 수요변화에도 충분히 대응할 수 있어야 한다.

12 [난이도 중]

해설

노인장기요양보험은 65세 이상의 노인 또는 65세 미만의 자로서 치매·뇌혈관성 질환 등 노인성 질병을 가진 자 중 <u>6개월 이상 동안 혼자서 일상생활을 수행하기 어렵다고 인정되는 자</u>를 그 수급대상자로 하고 있다. 65세 이상 노인은 노인장기요양보험을 신청할 수 있는 자격은 있으나 일상생활 수행에 지장이 없다면 급여의 대상이 되지 못한다.

노인장기요양보험의 급여를 받기 위해서는 등급판정을 받아야 한다.

등급판정기준 등(법 시행령 제7조)

등급	심신의 기능상태	장기요양인정 점수
1등급	심신의 기능상태 장애로 일상생활에서 전적으로 다른 사람의 도움이 필요한 자	95점 이상
2등급	심신의 기능상태 장애로 일상생활에서 상당 부분 다른 사람의 도움이 필요한 자	75점 이상 95점 미만
3등급	심신의 기능상태 장애로 일상생활에서 부분적으로 다른 사람의 도움이 필요한 자	60점 이상 75점 미만
4등급	심신의 기능상태 장애로 일상생활에서 일정 부분 다른 사람의 도움이 필요한 자	51점 이상 60점 미만
5등급	치매(제2조에 따른 노인성 질병에 해당하는 치매로 한정한다)환자	45점 이상 51점 미만
장기요양 인지지원 등급	치매(제2조에 따른 노인성 질병에 해당하는 치매로 한정한다)환자로서 장기요양인정	점수가 45점 미만인 자

13 [난이도 상]

해설

민주주의 발전에 기여한 인사행정제도는 엽관주의제도이다.
실적주의제도는 공직임용의 기준을 개인의 능력, 자격, 실적에 두
는 제도를 의미한다.

(1) **실적주의의 장점**
① 공개경쟁시험제도를 통하여 공직취임의 기회균등이라는
   민주적 요청 충족
② 실적을 기준으로 공무원을 임용하므로 행정능률의 향상에
   기여
③ 공무원의 정치적 중립을 통해 행정의 공공성 확립
④ 공무원의 신분보호를 통해 행정의 안정과 계속성 유지
⑤ 직업공무원제도 수립에 도움
⑥ 엽관주의에서의 공직의 상품화 근절, 행정적 부패 감소

(2) **실적주의의 단점**
① 인사행정의 소극성 · 경직성 · 비능률성
② 채용시험의 내용과 직무수행 능력과의 직접적인 연계성
   부족
③ 정치적 중립의 요구로 국민의 요구에 둔감한 폐쇄집단이
   될 우려(대응성과 책임성 저해)
④ 강력한 신분보장으로 정치지도자의 공무원에 대한 통제력
   확보 곤란
⑤ 공무원의 정치적 자유에 대한 지나친 제약

14 [난이도 중]

해설

총체적 품질관리는 고객에 대한 서비스 품질향상을 목표로 조직
내 모든 사람이 참여하여 지속적으로 업무수행방식을 개선하고자
하는 관리방식으로, 산출물과 서비스의 질을 개선하기 위한 포괄
적인 고객중심 관리 기법이다.

15 [난이도 상]

해설

최고관리층 리더십: 보건행정조직을 이끌어 나갈 전반적인 책임
을 지고 있는 계층으로 보건행정의 경우 장 · 차관을 대상으로 생
각할 수 있다.

(1) **기능**
① 조직의 목표 및 정책의 설정: 다분히 비정형적인 것, 즉
   선례가 없는 창의력을 요하는 것이 많아지며, 종래의 물
   질 · 금전 · 인재관리보다 정보관리나 정치적 지지획득에
   더 시간과 정력을 소모하게 된다.
② 자원의 동원: 인적 및 물적 자원, 상징적인 것이 포함되는
   데 장 · 차관의 경우 무엇보다도 정치적 지원을 획득하는
   것이다.
③ 통제 · 조정 · 통합

(2) **자질**
① 정책구상능력과 결정능력: 최고관리층은 기술자나 전문가
   일 필요는 없고 새로운 정책을 구상하고 결정할 수 있는
   능력을 갖추어야 한다. 즉 실무보다 직관력, 창의력, 판단
   력, 장래투시력, 정치적 감각 등이 높아야 한다.

② 리더십: 직원을 움직이고 자원을 동원하고 통합하는 능력
   이 요구된다.

16 [난이도 상]

해설

보건기획의 성공요인

(1) 기획은 변화 지향적이고 목적 지향적이며 의식적이어야 한다.
(2) 몇 개의 서로 연관된 기획은 기능적인 조화를 이루어야 한다.
(3) 기획의 목표와 목적이 명백하게 제시되어야 한다.
(4) 논리적으로 볼 때 기본기획은 전체적인 것이어야 하므로 이들
    기본기획은 최고경영층에서 수립되어야 한다.
(5) 기획의 범위(공간적, 시간적)를 정하여야 한다.
(6) 기획수립을 뒷받침할 수 있도록 조직이 구조화되어야 한다.
(7) 기획은 간단하고 구체적이되 과학적인 근거에 기반하여야 한다.

17 [난이도 중]

해설

만족모형(Satisficing Model)은 인간이 완전한 합리성이 아닌 제한
된 합리성을 가진 존재라는 것에 기초하여 현실적으로 만족할 만
한 수준에서 결정된다는 이론이다. 인간을 '경제인'이 아닌 '행정
인'의 가정에 기초하여 현실에서의 여러 제약요인들(인지능력, 시
간, 경비의 부족 등)을 고려할 때 인간은 제한된 합리성을 추구할
수밖에 없다. 결정자의 개인적 · 심리적 차원(만족)에 치중하여 정
책을 설명하고자 하는 모형으로 실제 의사결정자는 모든 대안의
탐색이 아닌, 무작위적이고 순차적으로 몇 개의 대안만을 탐색하
여 만족할 만한 결과를 가져오는 대안이 나타나면 의사결정 종료
한다.

18 [난이도 하]

해설

수요의 불확실성

(1) 개인적인 수준에서 질병의 발생 여부 및 시점, 그로 인한 진
    료의 결과 및 진료비의 발생규모 등은 대부분 예측이 불가능
    하다.
(2) 질병이 발생하더라도 개인 또는 가계경제에 막대한 영향을 미
    칠 비용도 미리 예측할 수 없다.
(3) 이러한 수요의 불확실성과 불규칙성에 집단적으로 대응하기
    위한 경제적 수단으로 의료보험을 갖게 되며 보험을 통하여
    미래의 불확실한 큰 소실을 현재의 확실한 적은 손실로 대체
    한다.
(4) 의료보험의 최우선의 목적은 예기치 못한 재산상의 손실로부
    터 보험가입자를 보호하는 것이다.

19 [난이도 하]

해설

프랭크(J. P. Frank, 독일, 1745~1821): 『전의사경찰체계』라는 의사(위생) 행정에 관한 12권의 저서를 발표하였다. 이 저서에는 신체위생, 개인위생, 정신위생, 국민보건에 관한 모든 문제를 망라하고 있으며 내용이 충실한 점에서 최초의 공중보건학 저서라고 알려져 있다. 프랭크는 "국민의 건강을 확보하는 것은 국가의 책임이다."라고 주장하였다.

20 [난이도 하]

해설

① 페스트(1급) – 디프테리아(1급) – 매독(4급) – 신종인플루엔자(1급)
② 중증열성혈소판감소증후군(3급) – 결핵(2급) – 뎅기열(3급) – 임질(4급)
④ 성홍열(2급) – 뎅기열(3급) – 황열(3급) – 큐열(3급)

제5회 최종 모의고사

01	02	03	04	05	06	07	08	09	10
①	②	④	①	③	④	②	④	②	③
11	12	13	14	15	16	17	18	19	20
④	③	②	③	①	④	②	②	①	③

01 [난이도 상]

해설

(1) **지역사회보건사업의 전략**
  ① 사회생태학적 모형에 의하면 개인 또는 집단의 행태는 개인적 요인, 개인 간 관계 및 일차집단, 조직 요인, 지역사회 요인, 정책요인의 상호작용에 영향을 받는다.
  ② 따라서 보건사업의 성공을 위해서는 이들 각 수준에 영향을 미치는 전략을 다양하게 사용하는 것이 바람직하다.
(2) **지역사회보건사업에서 활용되는 전략의 유형**

단계		전략의 유형
개인적 수준		• 교육 • 행태개선 훈련 • 직접 서비스 제공(예방접종, 검진, 진료, 재활, 방문보건 등) • 유인 제공
개인 간 수준		• 기존 네트워크의 활용 • 새로운 네트워크의 개발 – 후원자 활용 – 동료 활용 – 자조집단 형성 • 자생 집단(비공식적) 지도자 활용
지역 사회 수준	조직 요인	조직개발 이론과 조직관계이론의 적용
	지역사회 요인	• 이벤트 • 매체 홍보 • 사회마케팅 • 지역사회 역량 강화
	정책 요인	• 옹호 • 정책 개발

02 [난이도 중]

해설

① **WHO(세계보건기구)**: 국제연합체계 안에서 보건문제를 지도하고 조정
② **UNFPA(국제연합인구기금)**: 생식보건, 양성평등, 인구와 개발을 주요업무로 함
③ **UNICEF(국제연합아동기금)**: 아동의 생존과 발달, 기초교육과 양성평등, 소아 AIDS 문제, 아동보호 등을 주요업무로 함
④ **UNAIDS(유엔에이즈계획)**: AIDS에 대한 효과적은 국제적 대응을 위한 활동

03 [난이도 중]

해설

우리나라는 보건의료 시설 간 명확한 역할설정의 미확립과 기능의 미분화로 의료의 지역화 및 단계화가 이루어져 있지 않으며 이로 인해 의료기관 간 경쟁이 매우 심한 편이다.

04 [난이도 하]

해설

보건복지부 조직
(1) 보건복지부는 1명의 장관과 2명의 차관이 있다.
(2) **직제**: 4실 5국
(3) 1차관 – 기획조정실, 사회복지정책실, 인구정책실, 장애인정책국, 사회보장위원회 사무국
(4) 2차관 – 보건의료정책실, 건강보험정책국, 건강정책국, 보건산업정책국

05 [난이도 중]

해설

보건행정의 특성 중 공공성 및 사회성에 대한 설명이다.
보건행정은 공공복지와 집단적인 건강을 추구하며, 보건행정의 행위가 사회구성원의 건강향상을 위해 이루어지므로 사회성의 성격을 띠게 된다. 공공성과 사회성으로 인해 특별한 합리적인 이유 없이 특정 개인이나 집단에게 보건행정서비스를 유리하게 제공하거나 서비스 제공의 부당한 거부 및 회피는 허용되지 않는다. WHO 헌장전문에 '건강이란 신체적, 정신적으로 질환이 없는 상태뿐만 아니라 사회적, 심리적, 영적으로 안녕해야 한다.' 함은 건강이 건전한 개인은 물론 지역사회 또는 국가를 통하여 파악되어야 하는 고도의 공공성과 사회성을 의미한다고 할 수 있다.

06 [난이도 중]

해설

④ 쇄신적 분위기 조성은 비공식조직의 순기능이다.

관료제의 순기능
• 공식적으로 문서화된 업무 절차의 정립
• 지위에 따른 명확한 역할 구분
• 명령계통의 확립, 분명한 책임소재
• 능력원칙에 따른 지위분배원칙, 공정성
• 진급 또는 재직보장에 필요한 수단
• 고정된 급료의 보장과 능력에 따른 진급 보장

07 [난이도 상]

해설

개인 간 갈등의 원인
(1) 개인적 요인들
　① 상반된 가치관
　② 지나친 기대감
　③ 미해결(억압된) 갈등
　④ 다른 사람의 마음을 상하게 하는 말이나 행동

(2) 업무상의 요인들
　① 불명확하거나 중복되는 업무
　② 공동책임의 업무
　③ 무리한 업무마감, 또는 시간적 압박
(3) 조직상의 요인들
　① 제한된 자원
　② 의사소통 결핍
　③ 조직계층의 복잡성
　④ 정책·원칙·규범의 부재
　⑤ 산만한 의사결정
　⑥ 만장일치의 요구

08 [난이도 상]

해설

직위분류제
(1) **직무조사**: 직위분류에 필요한 구체적인 자료, 즉 직위에 배정된 직무의 내용, 책임과 권한, 자격요건 등에 관한 것을 수집하여 직무기술서를 작성하는 단계이다.(조사방법: 질문지법, 면접법, 관찰법)
(2) **직무분석**: 직무기술서를 토대로 직무를 그 종류(보건·공안·행정·공업·농림·외무 등)에 따라 직류·직렬·직군으로 분류하는 것을 의미하는 바, 이것은 종적인 수직적 분류를 말하는 것으로서 먼저 유사한 직무를 수행하는 직위를 모아 직렬을 만들고, 다시 유사한 직렬들을 모아 직군을 형성한다.
(3) **직무평가**: 같거나 유사한 직위의 직무라도 직무수행의 곤란성, 책임성, 복잡성 그리고 직무를 수행하는 데 필요한 자격요건 등에 차이가 있을 수 있다. 이러한 차이를 기초로 하여 각 직위의 상대적 수준과 등급을 구분하는 작업이다.(평가방법: 서열법, 분류법, 점수법, 요소비교법)
(4) **직급명세서(Class Specification) 작성**: 직무분석과 직무평가를 통하여 직위를 수직적이고 수평적으로 분류하게 직급명세서를 작성한다. 직급명세서는 각 직급별 특성을 설명한 것으로 직급 명칭, 직무 개요, 직무 수행의 예시, 자격요건 등을 명시하여 채용·승진·보수 등 인사행정의 기준으로 사용한다.

09 [난이도 중]

해설

① 윌리엄 페티(Willam Petty, 영국, 1623∼1687): 인구와 사망, 질병 기타 생리적 통계에 관한 업적이 있는 경제학의 선구자이며 의사인 페티는 친구인 그라운트에 조언하여 사망통계를 저술하게 하였다.
② 시드넘(시덴함 Sydenham, 영국, 1624∼1689): 유행병 발생의 자연사를 기록하였다. 유행병의 원인에 대하여는 여전히 히포크라테스로부터 계승된 대기의 장기설을 믿었다.
③ 피린글(Pringle, 영국, 1707∼1782): 병사, 감옥, 병원 등의 환기 및 위생상태 개선을 주장하였고, 적십자운동의 선구자였다.
④ 베르누이(Bernoulli, 1700∼1782): 두창의 예방효과를 판정하기 위하여 통계적 방법을 적용하였으며 이후 종두뿐만 아니라 여러 질병에 대하여 보건문제의 통계적 분석이 적용되었다.

10 [난이도 중]

해설

① **신임제도**: 정부기관이나 민간조직이 평가항목을 미리 제시하고 의료기관이 이를 충족하고 있는지 여부를 조사하는 방법 – 구조평가

② **의료감사**: 환자의 의무기록을 정기적·조직적으로 검토하여 환자진료의 질을 평가하고 문제점을 확인하여 해결하도록 조치함으로써 진료의 질적 향상을 추구하는 프로그램 – 과정평가

③ **의료이용도조사**: 보험자에게 제출하는 진료비 청구명세서나 의무기록 등을 이용하여 환자에게 제공된 의료서비스가 필수적인지, 서비스가 적정한 수준과 강도, 비용으로 제공되었는지를 조사하는 방법 – 과정평가

④ **내부평가**: 의료기관이 자발적으로 관리하는 활동 – 과정평가

11 [난이도 하]

해설

로머는 보건의료체계를 구성하는 두 개의 차원, 즉 경제적 요소와 정치적 요소를 기준으로 매트릭스모형의 분류를 하였다.

(1) **경제적 차원**: 연간 국민 1인당 GNP를 기준으로 선진국, 개발도상국, 극빈국, 자원이 풍부한 나라로 구분

(2) **정치적 차원**: 정부 또는 공권력이 보건의료시장에 개입하는 정도를 기준으로 자유기업형(개입정도가 가장 낮음), 복지지향형, 포괄적 보장형, 사회주의 계획형(개입정도가 가장 높음)으로 구분하였다.

12 [난이도 중]

해설

건강보험제도의 특성

(1) **강제성**
건강보험은 정부가 법에 의하여 국민 복지를 증진시키고자 실시하는 제도이기 때문에 법률이 정하는 일정한 요건에 해당하는 사람은 누구나 의무적으로 가입해야 한다는 강제성이 있다.

(2) **형평성**
건강보험급여는 그 대상자의 성, 연령, 직업, 거주지 등 개인적 여건에 관계없이 수요에 따라 급여가 제공되는 것을 원칙으로 하고 있다.

(3) **예산의 균형성**
건강보험은 단기보험이기 때문에 회계연도를 기준으로 수입과 지출을 예정하여 보험료를 계산하며, 지급조건과 지급액도 보험료 납입기간과는 상관이 없고 지급기간이 단기이다.

(4) **수익자부담의 원칙**
건강보험의 경우 그 비용은 수익자가 부담하고 이익도 수익자에게 환원되는 수익자부담의 원칙에 입각한다.

(5) **부담의 재산·소득 비례의 원칙**
재원조달은 수익자의 재산과 소득에 따라 정률제를 택하고 있다.

(6) **급여우선의 원칙**
건강보험급여는 인간의 생명과 고통에 직결되므로 그 발생과정이나 요인이 어떠하든 간에 급여시행을 우선적으로 하여야 한다. 즉 중대한 자기귀책사유가 있다 하여도 의료의 필연성과 필수성에 따라 적시에 적정급여를 시행하고 사후에 그 책임을 분명히 하게 된다.

(7) **적정급여의 원칙**
의료는 인체의 생명과 직결되므로 가장 필요하고 적정한 급여가 제공되어야 한다.

(8) **사후치료의 원칙**
건강보험은 적극적 의미의 건강관리, 즉 질병예방이 아닌 사후치료적 영역에 속한다.

(9) **3자 지불의 원칙**
현행 건강보험제도하에서는 급여시행자, 급여수령자, 비용지급자가 상이한데, 이러한 3자 관계의 성립에 따라 급여비용심사제도가 나타나게 된다.

(10) **발생주의 원칙**
건강보험대상자의 자격취득과 상실은 현실적으로 사후확인에 의해 그 권리행사가 가능 하지만 근본적으로 확인행위 이전에 자격을 취득하였다고 보아야 한다.

13 [난이도 중]

해설

요양기관 구분

(1) **1차 요양기관**
  ① 「의료법」에 따라 시장·군수·구청장에게 개설신고를 한 의료기관
  ② 「지역보건법」에 따라 설치된 보건소·보건의료원 및 보건지소
  ③ 「농어촌 등 보건의료를 위한 특별조치법」에 따라 설치된 보건진료소
  ④ 「약사법」에 따라 등록된 약국 및 한국희귀·필수의약품센터

(2) **2차 요양기관**
「의료법」에 따라 시·도지사가 개설허가를 한 의료기관으로 병원, 종합병원을 말한다.

(3) **3차 요양기관**
종합병원 중에서 중증질환에 대하여 난이도가 높은 의료행위를 전문적으로 하는 병원으로 보건복지부장관이 지정한다.

14 [난이도 상]

해설

공식적 의사소통

(1) **상향식 의사소통**: 부하가 상사에게 행하는 의사전달(하의상달). 보고, 면접 및 직원의견조사, 제안제도, 고충처리, 품의제, 상담 등

(2) **하향식 의사소통**: 상사가 부하에게 행하는 의사전달(상의하달). 명령, 지시, 훈령, 규정, 고시, 편람, 기관지, 게시판, 강연회 등

(3) **수평적 의사소통**: 동료들 간, 또는 업무상 협조를 필요로 하는 사람들 및 부서 간에 이뤄지는 의사소통. 사전심사제도, 사후통보, 회람, 회의, 위원회 제도, 협조전, 조회 등

15 [난이도 중]

샤인(Schein)의 인간관

(1) **경제적 · 합리적 인간**: 과학적 관리론에서 강조
(2) **사회적 인간**: 인간 관계론에서 강조
(3) **자아실현 인간**
   ① 인간은 자기의 능력과 소질을 최대한 발휘하려 함
   ② 인간은 스스로(동기부여의 내재성) 동기를 부여할 수 있으며 자기규제가 가능함
(4) **복잡한 인간**
   ① 현대 조직이론에서 중시
   ② 현실적인 인간(상황적응론을 따름)
   ③ 여러 가지 상황변수에 영향을 받음

16 [난이도 상]

델파이기법(Delphi Technique)

(1) 1948년 미국의 RAND 연구소에서 개발하였다.
(2) 관련분야의 전문지식을 가진 전문가들에게 토론 없이 서면으로, 완전한 익명으로 자문을 의뢰하고, 이를 반복 · 종합하여 예측결과를 도출하는 기법이다. 전문가의 직관에 의존하는 주관적 · 질적 미래예측기법으로 볼 수 있다.
(3) 델파이기법은 전문가그룹의 활용에서 단점을 극복하고 장점을 취하는 방법으로, 이 경우에 설문지 응답은 몇몇 권위자의 영향력을 배제하거나, 다수의견에 따르는 것을 피하기 위해 비공개로 이루어진다.
(4) 최종의사결정이 이루어질 때까지 많은 시간이 소비되기 때문에 빠른 의사결정에는 적용의 한계가 있다.
(5) 일상적이고 단순한 의사결정문제보다는 기술혁신의 예측, 의료시장개방과 잠재시장 예측, 연구개발 경향, 미래의 보건의료시장 등 범위가 넓거나 장기적인 문제를 해결하는 데 유용하다.

17 [난이도 상]

회계검사(감사원)

(1) 예산과정 중 마지막으로 수행되는 과정으로 조직의 재정적 활동 및 그 수입 · 지출의 결과에 관하여 사실을 확증 · 검증하는 행위이다.
(2) 회계검사는 예산집행에 대한 사후통제지만 가장 강력하고 본격적인 통제이다.
(3) **목적**
   ① 지출의 합법성 확보
   ② 회계장부의 비위 및 부정의 적발 · 시정
   ③ 능률성과 효과성의 확보
   ④ 재정낭비의 방지

18 [난이도 상]

② 건강보험비용과 의료급여비용의 심사는 모두 심사평가원에서 시행한다.

건강보험과 의료급여 비교

구분	건강보험	의료급여
적용대상	96%	4%
자격증명	건강보험증	의료급여증
재원조달	보험료(일부 국고)	조세(국고 + 지방비)
급여비용(수가) 산정	계약제	건강보험 준용
급여비용 청구 · 심사 · 지급	요양기관 → 심사평가원 → 공단	요양기관 → 심사평가원 → 시 · 군 · 구
입원 시 본인부담	입원(20%)	입원 (1종: 무료, 2종: 10%)
급여수준	진찰, 검사, 약제, 치료, 입원 등	급식비, 영안실 안치료 추가
급여절차	2단계 (의원, 병원 → 대학병원)	3단계 (의원 → 병원 → 대학병원)
수가기준	행위별수가	방문당 정액제
의료기관 종별가산율	의료기관 종별 15~30% 가산율	건강보험 수가의 3/4 수준

19 [난이도 하]

병원조직의 특성

(1) 높은 전문 인력의 비중
(2) 복잡한 조직체계
(3) 이원화된 권위체계
(4) 24시간 운영체계
(5) 의료전문가와 관리자의 이중 역할
(6) 자본집약적이며 노동집약적 성격
(7) 공익성과 수익성에 대한 목표의 상충성
(8) 복잡한 전환과정을 거쳐 서비스를 생산하는 조직체
(9) 생산된 서비스의 품질관리나 업적평가가 극히 곤란한 조직체
(10) 업무의 연속성과 응급성
(11) 투자자본의 높은 회전율과 낮은 회수율

20 [난이도 중]

해설

서치만(Suchman)모형

(1) **증상경험(Symptom Experience)**: 신체적 이상을 감지하고 민속요법이나 자가투약을 하는 단계로 증상의 부정, 더 분명해질 때까지 결정 유보 혹은 건강장애로 수용할지 여부 결정한다.

(2) **환자역할 담당**: 환자의 증세와 대처과정에 조언을 해 주는 비전문가적 의뢰를 통해 정상적 역할수행이 어렵다는 점을 인정받는 단계

(3) **의료인과의 접촉**: 환자역할의 정당성을 부여받고 치료과정에 대한 협상을 시도하며 의사에 의한 확인 또는 부정을 하는 단계로 치료자 고르기 현상 발생이 가능하다.

(4) **의존적 환자역할**: 본격적인 의료전문가의 치료를 받는다.

(5) **회복 또는 재활**: 치료를 마치고 회복하여 정상적인 역할을 다시 수행하는 단계이다.

제6회 최종 모의고사

01	02	03	04	05	06	07	08	09	10
④	④	③	①	④	②	②	③	②	①
11	**12**	**13**	**14**	**15**	**16**	**17**	**18**	**19**	**20**
④	③	③	②	③	①	④	②	①	④

01 [난이도 상]

해설

정책집행의 유형: 나카무라와 스몰우드(Nakamura & Smallwood)는 재량의 위임을 둘러싸고 정책결정자와 집행자의 관계에 착안하여 정책집행을 다음과 같이 5가지 유형으로 구분하였다.

(1) **고전적 기술관료형(Classical Technocrats)**: 정책집행자는 목표의 달성을 위한 수단적·기술적 사항에 위임을 받았을 뿐, 정책목표의 설정은 정책집행자를 통제하는 정책결정자에 의해 지배된다는 유형이다(계층모형).

(2) **지시적 위임형(Instructed Delegates)**: 정책결정자가 집행자에게 고전적 기술관료형보다는 많은 권한을 위임하는 것으로, 정책결정자는 정책집행자에게 광범한 행정적 재량권을 부여하며 정책집행자는 목표의 필요성에 합의하고, 목표달성에 필요한 기술적·행정적·협상적인 능력을 보유한다.

(3) **협상형(Bargainers)**: 정책결정자와 집행자가 목표와 목표달성을 위한 수단에 반드시 합의하지는 않으며, 정책결정자와 집행자 간의 협상에 의한 타협에 따라 집행이 이루어지는 경우이다. 협상의 최종결과는 결정자와 집행자 사이의 권력자원의 상대적 배분상태에 따라 결정된다.

(4) **재량적 실험형(Discretionary Experimenters)**: 정책결정자가 지닌 지식 및 정보의 부족 때문에 구체적인 목표를 제시하지 못하고 광범위한 재량권을 집행자에게 위임하는 경우이다.

(5) **기업가적 관료형(Bureaucratic Entrepreneurs)**: 집행자가 정책결정자와 협상하여 수단을 확보하고, 목표를 달성하면 정책결정자의 권한을 장악하고 결정과정을 통제하는 유형이다.

02 [난이도 상]

해설

세계보건기구는 환경분야가 아닌 보건분야에 있어서 연구를 촉진하고 지도하는 기능을 수행한다.

> **WHO 헌장 제2조에 의한 기능**
> ㉠ 국제보건사업에 있어서 지도적·조정적 기구로서 활동하는 것
> ㉡ 국제연합, 전문기구, 정부의 보건행정기구, 전문가단체 및 적당하다고 생각되는 타 기관과의 효율적인 협력을 수립하고 유지하는 것
> ㉢ 요청이 있을 경우, 보건사업의 강화에 관하여 각국 정부를 원조하는 것

ⓔ 각국 정부의 요청 또는 수락이 있을 경우, 적당한 기술적 원조 및 긴급한 때에는 필요한 조력을 제공하는 것

ⓜ 국제연합의 요청이 있을 경우에 신탁통치지역의 주민과 같은 특수한 집단에 대하여 보건상의 서비스 및 편익을 제공하거나 그 제공을 원조하는 것

ⓑ 역학 및 통계 서비스를 포함하여 필요한 행정적·기술적 서비스를 확립하고 유지하는 것

ⓢ 전염병, 풍토병 및 다른 질병을 퇴치하기 위한 사업을 장려하고 촉진하는 것

ⓞ 필요한 경우에는 다른 전문기구와 협력하여 불의의 상해를 방지하기 위해 노력하는 것

ⓩ 필요한 경우에는 다른 전문기구와 협력하여 영양, 주택, 위생, 오락, 경제상 또는 노무상의 조건 및 환경위생의 여러 측면에 대한 개선을 촉진하는 것

ⓧ 건강증진에 공헌하는 과학적·전문적 단체 상호 간의 협력을 촉진하는 것

ⓚ 국제적으로 보건과 관련된 사항에 대해 조약, 협정 및 규칙을 제안하고 권고를 행하며 본 기구의 목적에 합치되는 의무를 수행하는 것

ⓔ 모자의 건강과 복리를 증진하고 전반적으로 변화하는 환경 속에서 조화롭게 생활하는 능력을 육성하는 것

ⓜ 정신건강분야에 있어서의 활동, 특히 인간 상호 간의 조화에 영향을 미치는 활동을 육성하는 것

ⓗ 보건분야에 있어서 연구를 촉진하고 지도하는 것

ⓖ 보건, 의료 및 관련 직업에 대한 교육 및 훈련 기준의 개선을 촉진하는 것

ⓛ 필요한 경우에는 다른 전문기구와 협력하여 병원업무 및 사회보장을 포함하여 예방 및 치료적 견지에서 공중보건 및 의료에 영향을 미치는 행정적·사회적 기술을 연구하고 보고하는 것

ⓣ 보건분야에 있어서 정보, 조언 및 원조를 제공하는 것

ⓩ 보건관련 사항에 관하여 전 국민이 정보를 제공받고 그에 따라 의견을 발전시킬 수 있도록 원조하는 것

ⓜ 필요에 따라 질병, 사인 및 공중위생업무에 관한 국제용어표를 작성하고 개정하는 것

ⓑ 필요에 따라 진단방법을 표준화하는 것

ⓢ 식품, 생물학적 제제, 약학적 및 이와 유사한 제품에 관한 국제적 기준을 발전·확립하고 향상시키는 것

ⓞ 일반적으로 본 기구의 목적을 달성하기 위하여 필요한 모든 행동을 취하는 것

03 [난이도 중]

해설

① 보건소의 업무수행을 위하여 필요하다고 인정하는 경우에는 <u>대통령령으로 정하는 기준에 따라 지방자치단체의 조례로 보건지소를 설치할 수 있다.</u>

② 보건지소는 <u>읍·면마다</u> 1개씩 설치할 수 있다.

④ 보건지소에 <u>보건지소장 1명을 두되, 지방의무직공무원 또는 임기제공무원을 보건지소장으로 임용한다.</u>

04 [난이도 하]

해설

ILO의 사회보장 원칙: 1952년 제35회 ILO 총회 '사회보장최저기준조약'에서 사회보장에 관한 중요한 세 가지 원칙을 제시하였다.

(1) **대상의 보편주의 원칙**: 사회보장의 근간이 사회보험으로 되면서 근로자를 위하여 시작되었으나 사회보장의 적용을 전 국민으로 확대해야 한다.

(2) **비용부담의 공평성의 원칙**: 비용부담은 기여금 또는 조세로 충당하되 재산수준이 낮은 자에게 지나치게 과중한 부담을 주지 말도록 한다.

(3) **급여수준의 적절성의 원칙**: 급여수준은 각 개인의 생활수준에 상응해야 하며, 최저수준까지는 누구에게나 동액급여를 제공하고 최저생활이 보장되도록 해야 한다.

05 [난이도 상]

해설

국민기초생활보장법의 급여내용

(1) **생계급여**: 수급자에게 의복, 음식물 및 연료비와 기타 일상생활에 기본적으로 필요한 금품을 지급하여 최저생계를 유지하게 하는 것으로 하며, 생계급여의 방법은 원칙적으로 금전을 지급(현금급여)하는 것으로 한다.

(2) **주거급여**: 수급자에게 주거안정에 필요한 임차료, 유지·수선비, 그밖에 대통령령으로 정하는 수급품을 지급하는 것으로 한다.

(3) **의료급여**: 수급자에게 진찰, 처치·수술과 기타의 치료, 약제 또는 치료재료의 지급, 의료시설에의 수용, 간호, 이송, 기타 의료목적을 위한 조치, 분만 등을 행하는 것으로 한다.

(4) **교육급여**: 수급자에게 입학금, 수업료, 학용품비, 기타 수급품을 지원하는 것으로 한다.

(5) **해산급여**: 조산, 분만 전과 분만 후의 필요한 조치와 보호를 행하는 것으로 한다.

(6) **장제급여**: 수급자가 사망한 경우 사체의 검인·운반·화장 또는 매장, 기타 장제조치를 행하는 것으로 한다.

⑦ **자활급여**: 수급자의 자활을 조성하기 위하여 자활에 필요한 금품의 지급 또는 대여, 자활에 필요한 기능 습득의 지원, 취업알선 등 정보의 제공, 공공근로 등 자활을 위한 근로기회의 제공, 자활에 필요한 시설 및 장비의 대여, 기타 대통령령이 정하는 자활조성을 위한 각종 지원을 행하는 것으로 한다.

06 [난이도 상]

해설

(1) **체계이론(System Theory)**: 시스템이란 일정한 경계 안에서 복수의 구성요소가 상호의존적 관련성을 띠면서 질서와 통일성을 유지하고 환경과 끊임없이 상호작용을 주고받는 전체로서의 실체

(2) **체계(system)의 4가지 속성**

① **목표지향성**: 어떤 시스템이든 그것이 시스템으로 기능하기 위해서는 목표지향성을 가져야 한다.

② **환경적응성**: 시스템은 자신을 둘러싼 환경과 부단한 상호작용을 한다.

③ 분화와 통합성: 시스템은 분화와 동시에 통합적인 성격을 가지고 있다. 하위 시스템은 자신을 포함하고 있는 전체시스템이 없을 경우에는 존재할 수 없고, 다른 하위시스템과의 밀접한 상호의존성을 토대로 전체시스템으로 통합되는 속성을 가지고 있다.
④ 투입 – 전환 – 산출과정: 시스템은 외부환경으로부터 투입물을 받아들여 내부변환과정을 거쳐 산출물을 만들어내는 일련의 과정을 거친다.

07 [난이도 중]

`해설`

기획의 제약요인

(1) **기획수립상의 제약요인**
① 기획목표 설정상의 갈등과 대립
② 미래예측의 곤란, 비용과 시간
③ 자료·정보의 부족과 부정확성
④ 개인적 창의력 위축
⑤ 기획의 그레샴의 법칙

(2) **기획집행상의 제약요인**
① 기획의 경직성
② 이해관계자의 저항
③ 즉흥적·권위적 결정에 의한 빈번한 수정
④ 자원배분의 비효율성

(3) **정치적·행정적 제약요인**
① 기획능력 부족
② 번잡한 행정절차와 행정조직의 비효율성
③ 조정의 결여
④ 기획과정의 참여 부족

08 [난이도 중]

`해설`

쓰레기통모형(Garbage Can Model)
조직의 구성단위나 구성원 사이의 응집성이 아주 약한 혼란상태(조직화된 혼란, 무정부 상태)에서 이루어지는 의사결정의 특징을 강조한 모형으로 혼란 상태에서는 불합리한 의사결정이 발생하는데 이 불합리성을 강조하기 위해 붙여진 이름이다. 조직화된 혼란 상태에서는 의사결정에 필요한 네 가지 요소(문제, 해결책, 선택기회, 참여자)가 독자적으로 흘러 다니다가 어떤 계기로 교차하여 만나게 될 때 결정이 이루어진다. 쓰레기통모형은 극도로 불합리한 집단적 의사결정에 관한 대표적 모형이다.

09 [난이도 상]

`해설`

예산집행의 신축성 확보방안이란 예산이 성립된 후에 일어나는 사정변동에 적응하고 예산을 효율적으로 관리·집행하기 위하여 세출예산을 지출목적 이외에 사용하거나, 정해진 금액을 초과하여 사용하거나, 또는 다음 회계연도로 넘겨서 사용할 수 있게 하는 것을 말한다.
신축성확보방안: 이용, 전용, 이체, 이월, 예비비, 계속비, 국고채무부담행위, 수입대체경비, 추가경정예산, 총액계상예산

10 [난이도 상]

`해설`

의료수요 탄력성의 고려사항

(1) 첫째, 보건의료서비스는 다양하기 때문에 총괄적인 탄력성을 측정할 수 없다.
① 보건의료서비스에는 생명과 관계 깊은 급성 질환이 있는가 하면 객관적으로 전혀 문제가 없는 가상 질병도 있다. 전자의 경우 탄력성이 매우 낮은 반면 후자는 매우 높다.
② 따라서 의료의 탄력성은 총괄적으로 높다든가 낮다고는 정확히 구별하여 말할 수 없을 뿐만 아니라 의료의 수요량을 정확히 측정하기도 불가능하다.

(2) 둘째, 의료수요는 다른 상품이나 서비스와 달리 소비자가 혼자서 결정하는 것이 아니고 공급자와 더불어 공동으로 결정하고 있다.
① 전통 경제이론에 따르면 모든 재화나 서비스의 수요는 소비자가 단독으로 가격과 효용에 대한 판단에 의해 결정된다.
② 그러나 의료시장의 경우 질병의 진단과 치료를 의료공급자가 결정하며, 소비자는 단지 동의하는 수동적 역할만을 하는 것이 보통이다.
③ 물론 최초의 수요는 일반적으로 소비자가 결정하지만 그 이후의 모든 서비스의 구입 결정은 공급자의 영향권 내에 있다. 그러므로 의료수요의 연구는 소비자 측만 아니라 공급자 측면도 함께 고려해야 한다.

(3) 셋째, 건강보험 등 제3자가 시장에 개입하여 소비자가 지불하는 값과 의료공급자가 받는 값 간의 차이가 있다.
① 의료소비자가 지불한 가격은 의료비 전부가 아니기 때문에 실질 가격이라 할 수 없다.
② 경제학적으로 보면 이러한 허위 가격에 따라 수요량이 결정된다면 자유시장체제하에서 최적 자원배분을 달성하지 못한다는 것을 의미한다.
③ 소비자의 지불 가격과 실제 가격의 차이는 소비자의 의료수요 결정에 왜곡을 줄 뿐만 아니라 의료공급자의 서비스 공급 결정에도 왜곡을 초래한다.

11 [난이도 중]

`해설`

- **시드넘(시덴함 Sydenham, 영국, 1624~1689)**: 유행병 발생의 자연사를 기록하였다. 유행병의 원인에 대하여는 여전히 히포크라테스로부터 계승된 대기의 장기설을 믿었다.
- **베살리우스(Vesalius, 벨기에, 1514~1564)**: 1543년 해부학 교재 『인체의 구조에 대하여』 발간하였다.

12 [난이도 상]

`해설`

뷰오리(Vuori): 의료의 질이란 의료 제공과정이 끊임없이 변화하고 있으므로 고정된 상태에서 절대적 수준을 전제하는 개념으로 질을 판단하기가 쉽지 않으며, 수준이 높은 의료와 수준이 낮은 의료가 공존하는 것이 현실이기 때문에 현재 처한 환경의 조건하

에서 적절한 의학지식과 기술을 적용하는 것으로 유연하게 정의하였으며 의료의 질 구성요소로는 효과성, 효율성, 적합성, 과학적-기술적 질을 제시하였다.

13 [난이도 중]

해설

① **이윤극대화모형**: 영리를 추구하는 병원은 이윤극대화를 위해 설비에 투자하고 가격을 책정하며 생산량을 정한다.

② **뉴하우스모형**: 보건의료서비스의 양과 질을 동시에 추구하는 모형으로, 보건경제학자인 뉴하우스(Newhouse)가 1970년에 발표한 비영리병원의 형태에 관한 경제모형이다.

③ **수입극대화모형**: 현재의 순이익보다 장기적인 관점에서 전체적인 수입을 증가하여 병원 시장률을 높여 발전을 도모하는 모형이다. 병원들이 수입극대화를 추구하는 이유로는 병원산업이 처한 현실, 즉 수가통제 등의 외적 요인도 있겠으나 내적으로는 수입이 이윤과 어느 정도의 관련을 맺는다는 점과 수입의 감소는 병원규모의 감소와 함께 내원환자 수의 감소를 초래할 수 있다는 점에 기인한다.

④ **격차극소화모형**: 리(Lee)의 격차극소화모형은 병원들이 새로운 장비나 기술에 대한 투자결정에서 해당 장비나 기술이 가져다 줄 이윤에 대한 전망보다는 새로운 고객의 확보나 병원 명성의 증가, 혹은 고급기술을 사용한다는 전문 의료인으로서의 자부심을 더 중요한 고려대상으로 삼는다는 현실을 설명하고자 만들어졌다.

14 [난이도 중]

해설

구분	사회보험	공공부조	사회서비스

기
본
원
칙
	• 보편성의 원칙
	• 형평성의 원칙
	• 통일성의 원칙
	• 민주성의 원칙
	• 전문성의 원칙
	• 연대성의 원칙
		• 생존권보장의
		  원칙
		• 국가책임의 원칙
		• 무차별 평등의
		  원칙
		• 자립조장의 원칙
		• 보충성의 원칙
			• 통합성의 원칙
			• 제도성의 원칙
			• 전문성의 원칙
			• 선별화의 원칙

15 [난이도 상]

해설

델파이기법(Delphi Technique)

경마의 예측 결과를 위해 1948년 처음 RAND 연구소에서 개발한 방법으로 어떤 문제를 예측·판단·결정함에 있어 의견의 일치를 볼 때 까지 전문가 집단으로부터 반응을 체계적으로 도출하여 분석·종합하는 조사방법이다. 회의나 세미나 등의 전통적인 의견종합방식의 단점을 보완하려는 데서 고안되었다. 즉, 델파이기법은 각 전문가들에게 개별적으로 설문서와 그 종합된 결과를 전달·회수하는 과정을 거듭함으로써 독립적이고 동등한 입장에서 의견을 접근해 나갈 수 있도록 하는 설문조사를 통한 예측기법이다.

16 [난이도 중]

해설

① **직렬**: 직무의 종류가 유사하나 그 곤란도, 책임의 정도가 상이한 직급의 군. ⑩ 보건직렬, 의무직렬, 의료기술직렬 등

② **직류**: 동일한 직렬 내에서의 담당분야가 유사한 직위의 군. ⑩ 행정직렬 내의 일반행정직류, 법무행정직류, 재경직류 등

③ **직군**: 직무의 성질이 유사한 직렬의 군(집단). 직위분류제의 가장 큰 단위.
⑩ 기술직군＝농업직렬＋보건직렬＋보건의료기술직렬… 등

④ **직급**: 직위가 가지는 직무의 종류. 곤란성과 책임도가 상당히 유사한 직위의 군. 동일한 직급에 속하는 직위에 대해서는 인사행정상 채용·보수 등을 동일하게 대우.
⑩ 보건사무관, 행정주사

17 [난이도 상]

해설

① 사업의 활동량 및 질을 포함하는 투입에너지와 투입량 – 업무량/노력 평가

② 투입된 노력의 결과로 나타나는 측정된 효과 – 성과 평가

③ 효과 있는 사업 활동이 얼마나 수요를 충족하였는가 – 성과의 충족량

④ 특정 사업을 선정한 정당성 평가 – 미국공중보건협회 평가항목 중 사업의 적합성

서치만(Suchman)의 평가기준

(1) **업무량/노력(Effort) 평가**: 사업 활동량 및 질을 포함하는 투입에너지와 투입량을 의미하는 것이다.

(2) **성과(Prformance) 평가**: 투입된 노력의 결과로 나타나는 측정된 효과를 의미한다.

(3) **성과의 충족량(Adequacy of Performance) 평가**: 효과 있는 사업 활동이 얼마나 수요를 충족했는가를 보는 것이다. 실제로 기대 또는 요구되는 목표량에 대한 실적량의 비율이 클수록 충족량은 높다고 평가한다.

(4) **효율성(Efficiency) 평가**: 투입된 인력, 비용, 시간 등 여러 가지 측면에서 각 대안들을 비교·검토하는 방법이다. 이 평가는 투입된 노력이 과연 적절한 것이었던가를 측정하려는 데 있다. 즉 투입된 인력, 예산, 시간 등을 고려하여 단위당 얻은 결과가 최대일 때 효율성이 가장 높다고 할 수 있다.

(5) **업무진행과정(Process) 평가**: 사업의 업무진행과정을 분석함으로써 그 사업의 성패요인을 파악하는 것이다.

18 [난이도 중]

해설

계획된 행위론은 합리적 행위론의 연장선상에 있으면서 의지적이지 않은 행동까지도 설명할 수 있는 이론이다. 행동통제를 포함시켜 인간의 다양한 사회적 행동을 설명하고자 계획된 행동이론이다. 사회적 행동을 이해하고 예측하는 데 관심을 두고 행위에 영향을 주고 바람직한 방향으로 변화시키고자 하는 목적을 가지고 있다.

19 [난이도 중]

① PERT(Program Evaluation and Review Technique, 과업평가검사기법): 불확실한 프로젝트의 일정, 비용 등을 합리적으로 계획하고 관리하는 기법으로 방대한 보건사업의 효율적 시간 관리를 위해 이용되는 계량적인 방법이다. 사업을 여러 세부작업으로 구분한 후에 각 작업의 소요시간을 결정한 뒤 세부작업 상호 간의 작업순서를 정하여 도표로 작성한다.
② NGT(Norminal Group Method): 문제해결에 참여하는 개인들이 개별적으로 해결방안을 구상하고 제한된 집단토론만을 한 다음 해결방안에 대해 표결하는 기법이다.
③ Gantt Chart: 작업계획과 실제의 작업량을 작업일정이나 시간으로 견주어서 평행선으로 표시하여 계획과 통제기능을 동시에 수행할 수 있도록 설계된 막대도표로 '막대그래프 차트'라고도 한다.
④ Decision Tree Analysis: 의사결정에서 나무의 가지를 가지고 목표와 상황과의 상호관련성을 나타내어 최종적인 의사결정을 하는 불확실한 상황하의 의사결정 분석방법이다.

20 [난이도 하]

WHO	에머슨(Emerson)
• 보건관련 기록 보존	• 보건통계
• 보건교육	• 보건교육
• 환경위생	• 환경위생
• 전염병 관리	• 전염병 관리
• 모자보건	• 모자보건
• 의료	• 만성병 관리
• 보건간호	• 보건검사실 운영

제7회 최종 모의고사

01	02	03	04	05	06	07	08	09	10
②	①	④	③	③	④	④	①	③	①
11	12	13	14	15	16	17	18	19	20
①	④	②	②	③	③	②	④	①	③

01 [난이도 중]

보건행정의 운영원리

(1) 관리과정(Management Process): 관리란 미리 정해진 목표를 달성하기 위하여 인적·물적 자원을 활용하여 공식조직체 내에서 행해지는 과정의 상호작용의 집합이다.
(2) 의사결정과정(Decision-making Process): 여러 대안들 중에 선택하는 것으로, 일반적으로 동적이며 끊임없이 계속되는 중요한 과정이다.
(3) 기획과정(Planning Process): 행동하기 전에 무엇을 어떻게 해야 하는지를 결정하는 것이며, 미래를 예측하는 것이다. 기획과정은 전제를 세우고, 예측을 하며, 목표를 설정 또는 재설정하고, 구체적인 행동계획을 전개하는 과정을 거친다.
(4) 조직과정(Organizing Process): 조직이란 일정한 환경에서 특정한 목표를 달성하기 위한 분업체계라고 정의할 수 있다. 조직과정이란 공동의 목표를 달성하기 위하여 업무를 분담하는 과정이다.
(5) 수행과정(Executing Process): 주로 조직 내에서 행동을 실제 추진하는 과정으로, 인간 지향적이며 조직의 인적자원을 다루는 데 필요한 활동을 포함한다.
(6) 통제과정(Controlling Process): 조직 활동을 감시하는 데 초점을 두고, 조직의 활동결과를 측정하는 기준을 결정하며, 이러한 평가기법과 변화가 필요할 때 수정·보완하는 활동을 포함한다.

02 [난이도 중]

건강증진사업등(국민건강증진법 제19조)
① 국가 및 지방자치단체는 국민건강증진사업에 필요한 요원 및 시설을 확보하고, 그 시설의 이용에 필요한 시책을 강구하여야 한다.
② 특별자치시장·특별자치도지사·시장·군수·구청장은 지역주민의 건강증진을 위하여 보건복지부령이 정하는 바에 의하여 보건소장으로 하여금 다음 각 호의 사업을 하게 할 수 있다.
  1. 보건교육 및 건강 상담
  2. 영양관리
  3. 구강건강의 관리
  4. 질병의 조기발견을 위한 검진 및 처방
  5. 지역사회의 보건문제에 관한 조사·연구
  6. 기타 건강교실의 운영 등 건강증진사업에 관한 사항

03 [난이도 중]

해설

현장훈련(OJT; On the Job Training)은 직장훈련 또는 견습이라고도 한다. 피훈련자가 실제 직무를 수행하면서 감독자 또는 선임자로부터 직무수행에 관한 지식과 기술을 배우는 것으로 직책의 성격이 고도의 기술·전문성·정밀성을 요구하는 경우의 훈련에 적합하다. 장점은 실무적 훈련에 유리한 것이고 단점은 한번에 많은 인원을 훈련시킬 수 없다는 것이다.

04 [난이도 상]

해설

비용-편익분석의 평가
(1) 순현재가치(NPV) = 편익의 총현재가치(B) - 비용의 총현재가치(C)
순현재가치가 0보다 크면 그 사업은 비용보다는 편익이 많은 것이 되어 경제적으로 타당하다고 본다.
(2) 비용편익비(B/C Ratio)가 1보다 큰 경우 사업의 타당성이 있다고 보며, 편익비용비가 가장 큰 대안이 최선의 대안이 된다.
(3) 내부수익률(IRR; Internal Rate of Return)은 B/C 비가 1 또는 순현재가치가 0이 되는 이자율을 의미한다. 어떤 사업의 내부수익률이 높을수록 그 사업은 선호된다.

05 [난이도 중]

해설

WHO 총회(1978)가 결의한 일차보건의료는 건강의 격차를 줄이기 위해 의료, 예방, 건강증진을 적극적으로 추진하자는 것으로, 말러(Dr. H. Mahler) 사무총장(1983)은 인류의 건강실현의 열쇠는 보건의료에 있고, 일차보건의료의 성공열쇠는 보건인력 확보에 있다고 했다.

06 [난이도 하]

해설

건강검진사업은 질병예방 및 조기발견을 목적으로 시행되는 것으로 의료서비스의 질과는 관련성이 적다.

07 [난이도 상]

해설

자유방임형은 존프라이(John Fry)의 보건의료체계유형으로 의료서비스의 제공이나 이용에 있어 정부의 통제나 간섭이 최소화되고, 민간부문에 의하여 자율적으로 이루어지는 형태이다. 이용자의 선택에 따라 의료기관을 이용할 수 있는 체계로, 보건의료는 상품으로 취급된다. 정부의 개입은 최소화되면 재원조달과 의료시설이 민간에 의해 주도된다. 미국, 일본, 한국의 보건의료체계가 자유방임형에 해당한다.
④ 자유방임형을 채택하고 있는 국가들은 보건의료체계에 대해 정부가 개입하지 않는다. ──→ 정부의 개입이 전혀 없는 것이 아니고 간섭이 최소화되는 유형이다.

08 [난이도 중]

해설

사회보험은 보험의 기전을 이용하여 일반 주민들을 질병, 상해, 폐질, 실업, 분만 등으로 인한 생활의 위협으로부터 보호하기 위하여 국가가 법에 의하여 보험가입을 의무화 하여 기여금을 부과하거나 보험료를 각출하고 급여내용을 규정하여 실시하는 제도를 말한다.
② 사회보험은 사회적 형평성을 고려하여 모든 가입자가 소득 및 재산에 비례하여 부담하는 것을 기본으로 한다.(차등부과)
③ 국가가 보험가입을 의무화하여 강제 가입 하도록 한다.
④ 사회보험은 사회 구성의 사회적 형평성을 강조한다.

09 [난이도 중]

해설

국가보건서비스방식(NHS; National Health Services)은 국민의 의료문제는 국가가 책임져야 한다는 관점에서 정부가 일반조세로 재원을 마련하여 모든 국민에게 무상으로 의료를 제공하는 방식으로 재원의 대부분이 국세 및 지방세로 조달되고 의료공급체계도 국가의 책임 하에 조직화되어 있다.
보험료에 의한 재원조달은 사회보험방식(NHI)의 특징이다. 계약적 수급권은 민간보험의 특징이다.

10 [난이도 상]

해설

의료보장제도에서 시행되는 의료서비스급여 방식으로 보험자가 의료기관을 통해 직접 서비스를 제공해주는 유형은 변이형(직접제공형)이다.
② 한국, 일본, 독일 등 대부분의 사회보험제도를 채택하는 국가에서 시행하고 있다. - 제3자지불제도(현물급여형)
③ 의료기관 입장에서 보면 상환제의 의미를 가진다. - 제3자지불제도(현물급여형)

변이형(직접제공형)
(1) 뉴질랜드, 영국, 스웨덴, 덴마크 등 NHS 또는 지방보건서비스제도를 시행하고 있는 국가에서 재정으로 국민들에게 의료를 보장하는 형태이다.
(2) 사회보험형 국가로 보험공단이 보험료를 징수함과 동시에 직접 의료시설을 건립하여 적용자에게 보험공단이 직영하는 병원(국민건강보험공단 일산병원)이나 진료소를 통하여 서비스를 제공한다.
(3) 사회보장제도에 속하지는 않지만 미국의 건강유지기구(HMO) 가운데 일부가 의료기관을 소유하여 적용자에게 의료서비스를 제공하는 형태이다.
(4) 의료기관이 진료비를 보험공단이나 질병금고에 청구하여 지불받기 때문에 상환제에 비하여 편리하다. - 제3자지불제도(현물급여형)

11 [난이도 상]

① 통일성의 원칙은 모든 수입은 한곳으로 합쳐지고 지출은 지출 계획에 따라야 하며 특정 세입을 특정 세출에 충당하여서 안 된다는 원칙으로 목적세, 특별회계예산, 기금은 이 원칙의 예외에 해당한다.

단일성의 원칙은 모든 재정활동을 포괄하는 단일예산으로 편성되어야 한다는 원칙이다. 예산은 본예산의 일반회계 예산만으로 구성되어야 하며, 이 경우 예산을 이해하고 통제하는 것이 용이해진다. 추가경정예산, 특별회계, 기금은 단일성의 원칙의 예외에 해당한다.

② 예산은 주어진 목적, 규모 그리고 시간에 따라 집행되어야 한다는 원칙은 한정성의 원칙이다.

③ 예산구조나 과목은 이해하기 쉽도록 단순해야 한다는 것은 명료성의 원칙이다.

④ 특정 수입과 특정 지출이 연계되어서는 안 된다는 것은 통일성의 원칙이다.

12 [난이도 중]

(1) **계층제**: 권한과 책임의 정도에 따라 직무를 등급화시킨 피라미드 구조이며 상하계층 간에 직무상 지휘·감독관계에 서게 하는 것을 말한다.

(2) **계층제의 장점**
   ① 업무분담 및 권한위임의 통로
   ② 지휘·감독을 통한 질서와 통일성 확보
   ③ 조직의 통솔·통합·조정 및 갈등의 해결에 기여(내부통제를 확보하는 수단)
   ④ 의사소통의 통로, 승진의 통로

(3) **계층제의 단점**
   ① 상하 간의 권력 불균형(근무의욕 저하)
   ② 의사전달이 늦거나 제약 또는 왜곡되어 정책결정이나 목표설정에 지장
   ③ 조직구성원의 의견 수렴이 어려워짐
   ④ 새로운 창의성을 요구하는 업무나 위험부담을 수반하는 일을 하기 어려움
   ⑤ 조직의 경직화와 계층 간의 불신이 가중될 수 있음

13 [난이도 상]

앨더퍼(Alderfer)의 ERG이론은 욕구충족을 위한 행동이 얼마나 추상적인가를 기준으로 존재(E: Existence), 관계(R: Relatedness), 성장(G: Growth)의 3단계로 분류하는 모형이다. 욕구를 계층화하고, 순차적으로 욕구의 발로가 이루어진다는 점에서는 공통적이지만, ERG이론은 매슬로의 욕구계층이론이 가지고 있는 한계점을 보완한다.

① 모든 사람이 비슷한 욕구와 계층을 가지고 있다는 매슬로(Maslow)의 욕구계층이론을 비판한 이론은 맥클리랜드의 성취동기이론이다. 성취동기이론에서는 개인의 동기는 사회문화와 상호 작용하는 과정에서 취득되고 학습되는 것으로 개인마다 욕구의 계층에 차이가 있음을 설명한다. 앨더퍼의 ERG이론은 매슬로우의 욕구계층이론을 일부 따르면서 한계점에 대한 보완을 제시한 이론이다.

③ 관계욕구에는 사회적 관계, 소속감에 대한 욕구가 포함된다.

④ 존재욕구에는 생리적 욕구와 물리적 안전에 대한 욕구가 포함된다.

14 [난이도 중]

피들러(Fidler)의 상황 적응적 모형은 리더의 효과성은 상황에 의해 결정된다고 보고, 리더의 스타일을 LPC(the Least Perferred Coworker) 점수를 사용하여 두 가지 리더십 유형(과업 지향적 리더, 관계 지향적 리더)으로 분류하였다. 그리고 리더십의 유형을 결정하는 상황변수로 리더와 부하의 관계, 과업구조, 리더의 지위권력을 제시하였으며 상황이 리더에게 유리하거나 불리할 때는 과업지향형, 중간 정도의 상황에서는 관계지향형이 적합하다.

15 [난이도 하]

일차보건의료의 필수사업
(1) 널리 퍼져있는 주요 건강문제에 대한 예방 및 관리방법교육 (보건교육)
(2) 식량 및 적절한 영양공급
(3) 안전한 식수의 공급과 기본적인 위생환경 조성
(4) 가족계획을 포함한 모자보건사업
(5) 주요 감염병에 대한 면역강화(예방접종)
(6) 지방풍토병의 예방과 관리
(7) 흔한 질병과 외상의 적절한 치료(질병의 조기진료)
(8) 필수의약품의 공급
(9) 심신장애자의 사회 의학적 재활(정신보건 증진): 추가내용

16 [난이도 중]

보건행정의 이념 중 민주성이란 정책의 여러 과정에 국민의 참여(여론, 이익단체, 전문가, 정당원 등 비공무원)를 확대시키고 여론을 충실하게 반영하며 집행에 있어서도 국민의 의사를 충분히 고려하는 것이라고 할 수 있다.

17 [난이도 중]

통합보건사업은 지역주민 전체를 대상으로 하는 보건사업이고 특수보건사업은 특수한 분야의 문제를 관리하는 보건사업이다. 통합보건사업은 가족의 문제를 전체적으로 다루면서 시간과 비용이 절약되어 경제적으로 사업을 수행할 수 있는 반면 특수보건사업은 각 분야별 전문 인력을 필요로 하기 때문에 비경제적이다.

구분	통합보건사업
사업의 초점	가족의 건강관리
특징	가족을 단위로 하여 가족건강에 대한 책임의식을 가 지고 사업을 제공
사업의 목적	다목적: 포괄적으로 가족이 가진 여러 가지 건강문제
경제성	경제적
적용	지역주민 전체 대상으로 적합
장점	• 효율적이고 단순하다. • 가족의 문제 및 요구를 동시에 정확하게 파악한다. • 여러 사업을 동시에 진행하면서 사업의 중복을 피 한다. • 가족의 신임을 얻어 문제해결에 이점을 준다. • 지역사회의 문제점을 포괄적으로 파악할 수 있다. • 시간이 절약되고 경제적으로 사업을 수행할 수 있다. • 담당자는 다양한 영역의 지식을 습득할 수 있다.
단점	사업수행자는 각 사업영역에 대한 전문성 획득에 제 한을 받을 수 있다.

18 [난이도 상]

해설

④ 조직구성원들의 태도를 체계적으로 조사하고, 그 결과를 구성
원들에게 환류 시켜 조직변화를 위한 기초자료로서 활용하는
개입기법 태도조사환류이다.

감수성 훈련(Sensitivity Training, 실험실 훈련)
(1) 구성원의 가치관 변화를 위한 기법으로, 행태과학의 지식을
이용하여 자신·타인·집단에 대한 태도·행동을 변화시킴으
로써 조직에 있어서의 개인의 역할이나 조직목표를 잘 인식시
켜 조직개선에 기여한다.
(2) **방법**: 외부환경과 격리된 계획된 장소에서 훈련 집단을 형성
하고 구성원 간 비정형적인 체험을 통해서 자기에 대한 인식
과 타인에 대한 이해의 기회를 갖게 하는 훈련
(3) **목표**: 조직의 갈등해소능력, 대인관계능력, 상황대처능력 향상

19 [난이도 하]

해설

건강보험제도의 주재원은 세금이 아닌 국민(보험가입자)이 납부
한 보험료이다.

건강보험제도의 특성
(1) **강제성**: 건강보험은 정부가 법에 의하여 국민 복지를 증진시
키고자 실시하는 제도이기 때문에 법률이 정하는 일정한 요건
에 해당하는 사람은 누구나 의무적으로 가입해야 한다는 강제
성이 있다.
(2) **형평성**: 건강보험급여는 그 대상자의 성, 연령, 직업, 거주지
등 개인적 여건에 관계없이 수요에 따라 급여가 제공되는 것
을 원칙으로 하고 있다.

(3) **예산의 균형성**: 건강보험은 단기보험이기 때문에 회계연도를
기준으로 수입과 지출을 예정하여 보험료를 계산하며, 지급조
건과 지급액도 보험료 납입기간과는 상관이 없고 지급기간이
단기이다.
(4) **수익자부담의 원칙**: 건강보험의 경우 그 비용은 수익자가 부
담하고 이익도 수익자에게 환원되는 수익자부담의 원칙에 입
각한다.
(5) **부담의 재산·소득 비례의 원칙**: 재원조달은 수익자의 재산과
소득에 따라 정률제를 택하고 있다.
(6) **급여우선의 원칙**: 건강보험급여는 인간의 생명과 고통에 직결
되므로 그 발생과정이나 요인이 어떠하든 간에 급여시행을 우
선적으로 하여야 한다. 즉 중대한 자기귀책사유가 있다 하여
도 의료의 필연성과 필수성에 따라 적시에 적정급여를 시행하
고 사후에 그 책임을 분명히 하게 된다.
(7) **적정급여의 원칙**: 의료는 인체의 생명과 직결되므로 가장 필
요하고 적정한 급여가 제공되어야 한다.
(8) **사후치료의 원칙**: 건강보험은 적극적 의미의 건강관리, 즉 질
병예방이 아닌 사후 치료적 영역에 속한다.
(9) **3자 지불의 원칙**: 현행 건강보험제도하에서는 급여시행자, 급
여수령자, 비용지급자가 상이한데, 이러한 3자 관계의 성립에
따라 급여비용심사제도가 나타나게 된다.
(10) **발생주의 원칙**: 건강보험대상자의 자격취득과 상실은 현실적
으로 사후확인에 의해 그 권리행사가 가능 하지만 근본적으로
확인행위 이전에 자격을 취득하였다고 보아야 한다.

20 [난이도 중]

해설

병상회전율은 일정 기간 동안의 실제 입원환자(퇴원환자) 수를 가
동병상 수로 나눈 비율로서 병상당 입원환자를 몇 명 수용하였는
가를 나타내는 병상 이용의 효율성 측정 지표이다.
병상회전율 = 일정기간 동안 총 퇴원환자수/평균 가동병상 수
= 5000/250 = 20

제8회 최종 모의고사

01	02	03	04	05	06	07	08	09	10
③	④	③	②	③	①	①	④	②	④
11	12	13	14	15	16	17	18	19	20
③	②	②	④	①	①	①	①	②	④

01 [난이도 상]

해설

명령통일의 원리는 한 사람의 업무담당자는 직속상관에게만 명령을 받아 복종하여야 한다는 것으로 조직의 혼란을 방지하고 책임을 분명히 하는 원리이다. 관료제나 군대조직 등에서 엄격히 적용되는 원리이나 오늘날 조직의 분권화, 권한위임 등으로 인하여 중요성이 상대적으로 약화되고 있다. 명령통일의 원리는 전제로 계층제의 원리가 확립되어야 적용 가능한 원리로서 누구에게 보고를 하고 보고를 받는가를 알 수 있게 하여 <u>지위의 안정감을 부여하여 조직 책임자의 전체적 조정 및 통합이 가능하도록 하지만 지나치게 강조되면 오히려 비능률을 초래할 수 있다.</u>

02 [난이도 중]

해설

상징정책을 통해 국민들 사이에 정치체제 및 정부의 정통성에 대한 인식을 좋게 하거나 정부정책에 대해 순응을 확보할 수 있다.

03 [난이도 중]

해설

메이요(Mayo)의 호손실험

과학적 관리론의 문제점을 파악하고 개선책을 강구하기 위해 하버드대학의 메이요(Mayo) 교수를 중심으로 호손공장 실험(Hawthorne Studies, 1927~1932)을 진행하였다. 호손공장 연구의 결론은 노동자의 생산력을 결정하는 요인은 물리적 · 경제적 · 육체적 조건보다는 인간관계의 사회 심리적 요인이 더욱 중요하다는 것이다.

04 [난이도 상]

해설

무의사결정: 정책의제가 채택되지 않도록 하는 권력
(1) 엘리트의 가치나 이익에 대한 잠재적이거나 현재적인 도전을 억압하거나 방해하는 결정. 기존 엘리트세력의 이익을 옹호하거나 보호하는 데 목적이 있다.
(2) 결정자(엘리트)의 무관심이나 무능력으로 인한 무결정이 아니라 결정자 자신의 이익과 상충되는 도전과 주장을 적극적으로 좌절시키는 의도적 무결정현상을 지칭한다.

05 [난이도 중]

해설

맥그리거의 X, Y 이론 중 Y이론적 인간에 대한 설명이다. Y이론적 인간의 특징은 다음과 같다.
• 본질적으로 일을 싫어하는 것이 아니다.
• 자기 행동의 방향을 스스로 정하고 자율적으로 자기규제를 할 수 있는 존재이다.
• 조직의 문제를 해결할 때 비교적 높은 수준의 창의력과 상상력을 발휘할 수 있다.
• 적절한 조건만 갖추어지면 책임지기를 원하며 책임 있는 행동을 수행하고자 한다.
• 이기적으로만 행동하는 것이 아니라 같은 사회 내의 타인을 위해 행동하기도 한다.
• 존중의 욕구, 자기실현욕구(고급 욕구)가 직무동기이다.
Y이론적 인간관에 입각한 관리전략은 다음과 같다.
• 조직목표와 개인목표의 통합 추진
• 민주적 리더십의 확립
• 분권화와 권한의 위임
• 목표에 의한 관리
• 직무확장
• 비공식적 조직의 활용
• 자체평가제도의 활성화
• 평면적 조직구조

06 [난이도 중]

해설

② 종합병원은 <u>100개 이상의 병상</u>을 갖추는 시설이다.
③ 요양병원은 <u>요양병상</u>을 갖추는 시설이다.
④ 조산원은 <u>조산사가</u> 조산과 임산부 및 신생아를 대상으로 보건 활동과 교육 · 상담을 하는 의료기관을 말한다.

07 [난이도 상]

해설

상황론적 리더십은 리더의 행태 외 효율성을 좌우하는 상황적 요건을 연구한 접근법으로 상황에 대한 '리더의 대응'을 탐구하였다. 리더십 상황론에는 피들러의 상황적합적 리더십, 하우스와 에반스의 경로 – 목표 모형, 허쉬와 블랜차드의 리더십 상황이론 등이 있다.

08 [난이도 상]

해설

세계보건기구(WHO) 예산의 특징

(1) WHO의 예산은 회원국의 정규분담금과 회원국의 자발적 기여금으로 채워진다. 연간 예산은 약 20억 달러인데, 회원국이 의무적으로 납부하는 <u>정규분담금이 25%를 차지하고, 나머지는 자발적 기여금으로 조성되는데, 이 비중이 계속 증가 추세이다.</u>
(2) WHO는 국가가 회원인 국제기구이기 때문에, 집행하는 예산의 원천은 회원인 국가가 내는 회비가 된다. 회부납부는 회원의 의무이므로 아무리 못 사는 나라도 최소한의 정규분담금을 납부해야 하고, 회비인 정규분담금은 2년 이상 밀리게 되면 투표권이 박탈된다.

(3) WHO 예산은 2년 단위로 편성된다.
(4) 우리나라의 WHO에 대한 지원은 법정분담금은 외교통상부의 국제기구 분담금 예산에 편성되어 납부되었다가 2006년부터 보건복지부로 이관되었다. 우리나라는 자발적 기여금 지원을 통해 개발도상국의 지역보건체계개발 등 보건사업을 지원하고 있다.

09 [난이도 중]
해설

보건소의 기능은 다양하지만, 전체 보건행정조직 중 일선에서 주로 보건사업을 실시하는 기능을 수행한다고 볼 수 있다.

10 [난이도 하]
해설

외부효과는 공급자의 이익이나 손해와는 관계없이 타인(소비자나 여타 사회구성원)에게 이익을 주거나 손해를 주는 것을 말한다. 감염성 질환에 대한 예방 및 치료는 감염병 감염경로를 차단하므로 예방접종을 받지 않은 다른 사람들에게도 큰 영향을 미친다. 총인구 중 상당비율의 사람들이 특정질환에 대한 면역력을 가지면 다른 사람들도 감염될 위험이 적기 때문이다. 공중보건사업은 대부분 외부효과를 가진다. 그러므로 생산 및 소비는 순수하게 시장기능에만 맡겨놓을 수 없고 정부의 개입이 필요하다.
• **부정적 외부효과**: 공해 유발 산업, 간접흡연
• **긍정적 외부효과**: 의학기술의 발전, 예방접종

11 [난이도 중]
해설

OECD 국가 보건의료체계 유형은 사회보험형(비스마르크형), 국민보건서비스형(베버리지형), 소비자주권형으로 분류된다.
③ 보건의료기관 대부분이 국가의 소유인 것은 국민보건서비스형(베버리지형)의 특징이다.

사회보험형(비스마르크형)의 특징
(1) 사회보장의 일환으로 적용 대상자들에 대하여 강제 적용
(2) 보험료를 낼 수 없는 빈곤층은 국가에서 별도 관리
(3) 사용자와 근로자의 보험료가 주재원
(4) 보험낭비를 줄이기 위하여 일반적으로 본인일부부담금 부과
(5) 해당 국가: 독일, 프랑스, 일본, 한국

12 [난이도 하]
해설

보건복지부 소관 기금으로는 국민연금기금, 응급의료기금, 국민건강증진기금이 있다. 청소년육성기금은 여성가족부 소관 기금이다.

13 [난이도 하]
해설

BPRS 방법의 요소는 문제의 크기, 문제의 심각성, 사업의 효과성이다.

BPRS(Basic Priority Rating System) = (A + 2B)C / 3
• A – 문제의 크기: 만성질환은 유병률, 급성질환은 발생률을 사용하여 0∼10점까지 부여
• B – 문제의 심각도: 문제의 긴급성, 중증도, 경제적·사회적 손실을 고려하여 0∼10점까지 부여
• C – 사업의 추정 효과: 과학적 근거를 바탕으로 문제의 해결가능성을 0∼10점까지 부여

14 [난이도 중]
해설

델파이기법은 관련분야의 전문지식을 가진 전문가들에게 토론 없이 서면으로, 완전한 익명으로 자문을 의뢰하고 이를 반복·종합하여 예측결과를 도출하는 기법이다. 전문가의 직관에 의존하는 주관적·질적 미래예측기법으로 볼 수 있다.
① 브레인스토밍(Brainstorming): 집단토의기법으로서 직접적·대면적 접촉을 유지하되, 즉흥적이고 자유스러운 분위기에서 조직구성원 및 전문가의 창의적 의견이나 독창적인 사람들의 기발한 아이디어를 직접적인 대면접촉토의를 통하여 창안하는 주관적·질적 분석기법이다. 비판금지, 자유분방한 아이디어, 질보다 양, 대면적 토론을 통해 아이디어를 제시한다. 결합개선을 허용하여 다른 사람의 아이디어를 결합·수정·모방해서 새로운 아이디어를 산출하는 방법도 사용 가능하다.
② PERT(Programming Evaluation Review Technique): PERT는 불확실한 프로젝트의 일정, 비용 등을 합리적으로 계획하고 관리하는 기법으로 방대한 보건사업의 효율적 시간 관리를 위해 이용되는 계량적인 방법이다. 사업을 여러 세부작업으로 구분한 후에 각 작업의 소요시간을 결정한 뒤 세부작업 상호 간의 작업순서를 정하여 도표로 작성한다.
③ 포커스그룹토의(Focus group discussion): 그룹 상호작용을 통하여 연구자가 정한 주제에 대하여 자료를 수집하는 연구방법이다. 유사한 배경을 가진 참여자가 토론에 참여하며 진행자는 결정된 토론 주제를 가지고 진행하는 잘 훈련된 전문가이다. 포커스그룹은 연구 자료를 수집하는 방법이다.

15 [난이도 중]
해설

③ 업무가 동질적이고 단순할수록 통솔범위가 넓어지는 반면 관리자가 부하직원에 대한 관리감독 보다 기획, 조직의 기능이 많은 경우는 많은 인원을 관리감독하기 어렵기 때문에 통솔범위가 좁아진다.

통솔범위의 원리
한 사람의 상관이 몇 사람의 부하를 직접 적절하게 감독할 수 있는가를 의미한다. 한 사람의 상관이 무제한적으로 통솔할 수 없으며 지나치게 소극적으로 감독할 경우 계층의 수가 많아지고 이로 인한 부작용이나 역기능을 초래할 수 있다.

통솔범위의 결정요인
통솔범위의 수는 기계적·획일적으로 어느 경우나 적용되는 것은 아니고 다음과 같은 사정에 따라 신축성 있게 고려되어야 한다.

(1) **직무의 성질**: 직무의 내용이 비교적 동질적이고 단순한 것은 많은 인원을 감독할 수 있다.

(2) **시간적 요인**: 오래된 기관이 비교적 관례적인 일을 감독하게 되면 인원수가 늘어날 것이고 계속 새로운 연구를 많이 요하는 사업이면 달라진다.

(3) **공간적 요인**: 동일 장소에 피감독자가 있지 않은 경우 인원수 제약

(4) **인적 요인**: 감독자 자신의 능력과 성격, 피감독자의 전문직업화의 정도 고려

16 [난이도 상]

해설

② 기업조직(소유주가 조직의 수혜자인 조직, 능률성 강조) – 블라우와 스코트(Peter Blau & Richard Scott)의 분류

③ 강제적 조직(조직의 통제수단이 강제적이고 구성원들이 고도의 소외의식을 가짐) – 에치오니(Amitai Etzioni)의 분류

④ 공리적 조직(조직이 구성원에 대하여 임금을 제공하고 구성원은 조직으로부터 지급되는 보상만큼 일한다는 입장) – 에치오니(Amitai Etzioni)의 분류

파슨스(Talcott Parsons)의 조직유형 분류

(1) **경제조직(적응기능)**: 경제적 재화의 생산과 분배에 종사하는 조직(기업, 경제조직)

(2) **정치조직(목표달성기능)**: 사회체제의 목표를 수집·집행하는 기능과 관련된 조직(정당, 정부조직, 정치조직)

(3) **통합조직(통합기능)**: 사회구성원의 갈등을 조정하고 안정을 유지하는 조직(사회복지조직, 경찰, 사법기관)

(4) **형상유지조직(형상유지기능)**: 교육이나 문화 활동을 통해 사회의 틀이 오랫동안 유지되도록 하는 조직(학교, 종교집단, 문화단체, 연구소)

17 [난이도 중]

해설

① **수용형(Accommodating)**: 타인의 관심부분을 충족시켜 주기 위해서 자신의 관심부분을 양보 또는 포기한다. 수용을 해 준 후 무엇인가를 보답 받을 수 있을 때에는 매우 적절하지만 문제가 복잡하거나 더욱 악화된 경우에는 부적절하다. 장점은 협동을 가능하게 해준다는 점이며, 단점은 중요한 문제를 소홀히 다룰 가능성이 있기 때문에 일시적 대안이라고 할 수 있다.

② **타협형(compromising)**: 갈등상태에 있는 당사자가 상호교환과 희생을 통해 부분적 만족을 취하는 해결방식이다.

③ **회피형(avoiding)**: 직면한 문제를 피하고자 하는 것이다. 문제가 사소한 것이나 피하는 것이 오히려 이익이 될 경우에 적합한 대안이다.

④ **협조형(collaborating)**: 갈등을 겪고 있는 당사자들의 관심사를 모두 만족시키는 해결방식이다.

18 [난이도 상]

해설

엽관주의는 정당에의 충성도와 공헌도를 관직의 임용기준으로 삼는 인사행정제도로, 선거라는 전쟁에서 승리한 정당이 전리품에 해당하는 공직을 차지하는 권한을 가진다. 19세기 초 공직의 특권화 방지를 위해 선거에서 지지해 준 대중에게 공직을 개방하는 것이 행정의 민주화를 위해 필요하다는 믿음으로 시행되었다. 민주정치 발전과 행정의 민주화에 기여(공직개방)하였으나 정치적, 행정적 부패를 초래하고 행정의 전문성과 능률성 요구에 부응하지 못하는 단점이 있으며 빈번한 교체로 행정의 안정성과 일관성을 저해한다.

실적주의는 공직임용의 기준을 당파성이나 정실, 혈연, 학벌, 지연 등이 아닌 개인의 능력, 자격, 실적에 두는 제도를 의미한다. 실적은 능력, 자격, 기술, 지식, 업적, 성과 등으로 정의한다. 실적을 기준으로 공무원을 임용하므로 행정능률의 향상에 기여하고 공무원의 정치적 중립을 통해 행정의 공공성 확립하였으며 직업공무원제도 수립에 도움을 주었다. 반면 인사행정의 소극성·경직성·비능률성의 단점이 있다.

19 [난이도 하]

해설

에머슨(Emerson)의 보건행정 범위: 보건통계, 보건교육, 환경위생, 전염병 관리, 모자보건, 만성병 관리, 보건검사실 운영

20 [난이도 중]

해설

보건의료자원 개발의 평가요소(WHO)

(1) **양적 공급**: 필요한 의료서비스제공에 요구되는 의료자원의 양적 공급에 관한 과제로서 흔히 인구당 자원의 양으로 표시한다.

(2) **질적 수준**: 의료 인력의 주요 기능 수행능력과 기술 및 지식 수준, 시설의 규모와 적정 시설 구비 정도를 뜻한다. 최근에는 건강수준이나 삶의 질, 부작용 등의 결과를 질적 수준의 지표로 삼는 경향이 있다.

(3) **분포**: 인력자원의 지리적·직종 간·전문과목별 분포나 시설 자원의 지리적·기능별·규모별 분포가 주민의 의료필요에 상응하게 분포되어 있는가에 대한 과제이다.

(4) **효율성**: 개발된 의료자원으로 의료서비스를 얼마나 산출해 낼 수 있는가 또는 일정한 의료서비스를 생산하기 위하여 얼마나 많은 자원이 필요한가에 대한 과제이다. 때로는 의료자원을 개발하는 데 다른 자원이 얼마나 필요한가를 의미하기도 한다.

(5) **적합성**: 여러 의료자원의 복합적 집합체로서 공급된 의료서비스의 역량이 대상주민의 의료필요에 얼마나 적합한가에 관한 과제이다.

(6) **계획**: 장래에 필요한 보건의료자원의 종류와 양을 얼마나 체계적이고 정확하게 예측하고 계획하는가 하는 문제이다.

(7) **통합성**: 보건의료자원의 개발에 있어서 중요 요소인 계획, 실행, 관리 등이 보건의료서비스의 개발과 얼마나 통합적으로 이루어지는가 하는 문제이다.

제9회 최종 모의고사

01	02	03	04	05	06	07	08	09	10
②	④	②	③	③	④	②	④	④	①
11	12	13	14	15	16	17	18	19	20
②	④	①	③	④	①	③	③	②	②

01 [난이도 중]

해설

② 타인의 행동에 영향력을 미치거나 통제하려고 하는 것은 권력 욕구에 해당한다.

맥클리랜드(McClelland)의 성취동기이론

모든 사람이 비슷한 욕구와 계층을 가지고 있다는 매슬로 (Maslow)의 욕구계층이론을 비판하고 개인의 동기는 사회문화와 상호 작용하는 과정에서 취득되고 학습되는 것으로 개인마다 욕구의 계층에 차이가 있음을 강조한다. 욕구의 유형은 다음과 같다.

(1) **권력 욕구**: 타인의 행동에 영향력을 미치거나 통제하려는 욕구
(2) **친교 욕구**: 타인과 따뜻하고 친근한 관계를 유지하려는 욕구
(3) **성취 욕구**: 어려운 일을 성취하려는 욕구, 장애를 극복하고 높은 수준을 유지하려는 욕구, 성공적 기업가가 되게 하는 요인

02 [난이도 상]

해설

(1) **중세 보건의료(500~1500)**

① 흔히 암흑기라 불리는 중세기 초, 특히 서유럽에서는 대부분의 위생문제나 보건사업은 종교 활동의 일환으로 취급되었다. 중세도시의 거리는 먼지와 쓰레기, 그리고 가축의 분뇨가 쌓여서 공중보건문제가 심각했는데, 정부당국은 이를 해결하기 위해 도로포장의 실시, 규칙의 제정 등 일련의 조치를 취하였다.

② 6~7세기경에는 모하메드가 죽은 뒤 그의 출생지인 메카로 순례하는 많은 사람들이 각 지역에 콜레라의 대유행을 여러 차례 발생시켰다. 중세기에 가장 두려움을 주었던 한센병(나병)은 2세기경에 이태리에 전파되었고 6세기경에는 전 유럽에 퍼졌는데 그 때 교회에서 나환자의 출입을 금지하였고 나환자를 특수한 의복을 입히고 방울을 달아 다른 사람과의 접촉을 차단하여 전파를 방지하였다. 이와 같은 격리방법은 큰 효과가 있어서 유럽에서는 16세기에 이르러 한센병이 거의 사라졌다. 나환자 관리의 대책으로 6~7세기 이후에 격리병원이 생겨났다.

③ 중세기에는 오늘날과 같은 공중보건조직은 없었다. 그러나 각종 전염병의 예방과 환경위생감시 등을 위한 행정기구는 설치되어 있었다. 또한 길드는 중세도시의 행정상 빼놓을 수 없는 중요한 요소였으며 많은 도시에서 이러한 위생관계 업무는 길드에서 맡겨져 운영 되었고, 의사는 가난한 사람들이나 죄인의 의료와 한센병 환자의 검진, 그리고 전염병 유행시 전문적 진료에 응하는 경우가 많았다.

(2) **중상주의시대(1500~1760년)**

이 시대에는 유럽에 있어서 질병양상의 현저한 변화가 있었다. 한센병(나병) 등이 점차 사라지고 16~17세기에 걸친 발진티푸스, 괴혈병, 수두, 성홍열, 매독, 두창, 페스트가 유행하였다. 이 시기에 가장 무서운 질병은 매독이었는데 매독이 성교에 의하여 전염된다는 사실을 밝혀내고 이 병원의 감염을 없애기 위해 창녀들에 대한 규제와 환자 및 용의자의 격리 등의 조치가 시행되었다.

03 [난이도 하]

해설

직업공무원제의 수립 조건

(1) **실적주의의 확립**: 직업공무원제는 실적주의(공직에의 기회균등, 정치적 중립, 신분보장 등)의 확립을 전제로 한다.
(2) **장기적 시각의 인력계획**: 장기적인 인력수급계획이 수립되어 유능한 사람을 적시에 공급하고 무능한 자는 퇴직시키는 인력의 수요·공급을 위한 정원관리 방안 등이 강구되어야 한다.
(3) **공직에 대한 높은 사회적 평가**: 공직이 국민에 대한 봉사자로서 명예롭고 긍지를 지닐 수 있는 직업이어야 한다.
(4) **젊은 사람의 채용**: 우수한 젊은 인재들이 공직에 많은 관심을 갖도록 유인하고, 공무원으로 채용되어 실적에 따라 높은 상위 직책까지 일생을 근무하면서 승진할 수 있도록 하는 절차가 마련되어야 한다.
(5) **능력발전 기회 부여**: 교육훈련 등의 발전 기회가 지속적으로 제공되어야 한다.
(6) **적절한 보수 및 연금제도 확립**: 보수는 민간부문과 대비할 때 적절한 균형이 이루어져야 하며, 적절한 연금제도가 확립되어 재직 중 안심하고 공직에 종사할 수 있도록 해야 한다.
(7) **승진·전보·훈련 등의 공정성**: 승진이나 배치전환 등의 내부임용이 체계적이면서도 공정하게 이루어져야 한다.

04 [난이도 중]

해설

양질의 의료요건에서 효율성이란 경제적 합리성으로 한정된 자원을 얼마나 효율적으로 활용할 수 있는가를 의미한다. 기존 자원을 최대한 효율적으로 활용하여 관리하는 일, 진료시간 약속을 통해 의사와 환자의 시간절약, 적정 인력 활용을 통한 업무효율, 의료전달체계의 확립으로 국민의 의료문제를 효율적으로 해결하는 것 등을 통한 효율적인 관리운영이 필요하다. 감기와 같은 경증환자는 1차 의료기관 이용이 적절함에도 고도의 전문 인력과 기술을 제공하는 3차의료기관을 이용하는 것은 자원의 비효율적 활용으로 볼 수 있으므로 효율성에 위배된다.

05 [난이도 중]

해설

거래적 리더십

(1) 일상적인 과업수행 과정에서 리더에 대한 복종의 대가로 부하들에게 어떤 보상을 지급하는 일종의 거래관계로 리더십을 설명한다.

(2) 거래적 리더십은 부하에게 과업목표를 알려주고 그 목표를 달성했을 경우에 어떤 보상(또는 벌)을 지급받게 되는 지를 명확히 해준다.

(3) 과업수행과정에는 특별한 경우를 제외하고는 개입하지 않는다. 즉 리더가 원하는 과업목표와 부하들이 원하는 보상이 교환되는 과정에서 리더십이 발휘되는 것이다.

06 [난이도 하]
해설

접근성(Accessibility)은 필요한 서비스가 있다는 사실뿐만 아니라 어떤 경로를 거쳐 다가가면 그 서비스를 제공받을 수 있다는 사실까지 포함한다. 보건행정은 서비스지향적인 행정으로서 특성을 갖고 있기 때문에 접근성이 매우 중요한 가치를 지니고 있다. 보건행정에서 접근가능성을 높일 때 보다 많은 사람이 서비스를 활용할 수 있고, 기대한 효과를 이끌어 낼 가능성이 높아지므로 접근성은 보건행정의 형평성과 효과성을 높일 수 있는 유용한 수단이 된다.

07 [난이도 중]
해설

미국공중보건협회 평가항목
(1) **사업의 적합성(Program Appropriateness)**: 수많은 보건문제 중에서 특정 사업을 선정한 정당성을 따지는 것으로 가치의 타당성을 우선순위 결정에 비추어 본 것이다.
(2) **사업량의 충족량(Program Adequacy)**: 전체 보건문제의 크기 중 얼마만큼을 해결할 수 있는 사업을 투입했는가를. 즉 보건문제는 100만큼인데 이 중 80만큼을 해결할 수 있는 사업이 투입되었는지 또는 20만큼만 투입되었는지를 보는 것이다.
(3) **사업의 효과성(Program Effectiveness)**: 설정된 목표를 얼마나 달성했는지를 보는 것이다.
(4) **사업의 효율성(Program Efficiency)**: 목표달성에 쓰인 비용은 합리적이고 낭비 없이 가장 효과적인 방법으로 수행되었는지를 따져보는 것이다.
(5) **사업에 의한 부수적 효과(Program Side-effects)**: 사업의 계획 당시에는 전혀 예견하지 못했던 부수적 효과. 즉 바람직한 효과 또는 바람직하지 못한 부작용 모두를 점검하는 것이다.

08 [난이도 상]
해설

의료보장을 위한 재원조달 방법
의료서비스의 원활한 공급을 위해서는 적절한 재원마련이 중요하다. 의료보장을 위한 재원인 이제 개인의 차원에서 떠나 사회적, 국가적 책무로 간주되고 있다.
(1) **공공재원 및 준공공재원**
　① 일반 조세수입: 의료보장을 위한 가장 중요한 재원으로 조세, 관세, 소득세, 재산세가 주종을 이룬다. 국민경제의 규모가 커질수록 세율이 일반적으로 높아지기 때문에 개발도상국은 경제성장과 함께 보건의료부문에 더 많은 투입을 하는데 큰 어려움을 겪지 않으며 이것은 또한 많은 경우에 보건의료의 사회화 정도를 심화시키기도 한다.

　② 부채: 국가 재정당국이 국내에서 혹은 외국에서 돈을 빌려서 사업에 대한 재원으로 충당할 때 이루어진다.
　③ 소비세수입: 담배나 주류의 판매에서 얻어지는 세수를 보건의료사업을 위한 재원으로 사용하는 경우이다.
　④ 사회보험: 근로자나 고용주에게 임금의 일정률을 보험료로 납부하도록 강제함으로써 재원을 조달하는 체계이다.
　⑤ 복권: 복권발생은 민간이 상업적으로 할 수 있으나 많은 경우 공공사업의 수행을 위한 재원 확보의 방법으로 이용되고 있다. 재원조달방안으로서 복권이 가지는 한계는 소득역진성이 강하다는 것이다.(예. 노인병원 건립을 위한 복권을 발행하면 중산층 이하의 사람들이 복권을 사게 되고 결국 노인을 포함한 중산층 이하의 비용부담으로 노인병원을 걸립하게 되어 사회보장적 성격을 갖지 못하는 단점이 있다.)
(2) **민간재원**
　① 고용주 부담: 우리나라 건강보험의 경우 고용주는 직장건강보험의 50%를 납부하고 있다.
　② 민간건강보험: 민간보험은 사회보장제도를 채택하지 않은 나라에서 성행하며 국가에 따라서는 사회보험제도의 보완책으로서 민간보험시장이 형성되기도 한다. 저개발국가나 개발도상국에서는 개인의 부담능력 부족으로 인해 민간보험이 큰 역할을 담당하지 못하는 것이 일반적이며, 선진국이라도 대개 사회보험이나 사회보장제도의 보완기능만을 담당하기 때문에 보건의료 재원으로서 큰 몫을 차지하지 못하는 것이 일반적 현상이다.
　③ 기부금: 기부금이 보건의료비에 차지하는 비중은 낮은 편이다. 재정적 지원의 형태를 띠기도 하고, 특수 장비, 특정 시설, 소모품이나 약품 등의 물품 지원이 될 경우도 있으며, 의료종사자에 대한 현물기부의 형태도 있다.
　④ 진료비 본인부담: 두 가지 종류가 있는데, 한 가지는 의료남용을 방지하기 위해 수진시 일정액을 환자가 부담하는 방법(본인 일부부담)이고, 다른 한 가지는 보험제도가 없어 진료비 전액을 본인이 부담하는 방법(본인 전액부담)이다.

09 [난이도 상]
해설

예산안 편성과정
(1) **사업계획서 제출**: 각 중앙관서 → 기획재정부장관
(2) **예산편성지침과 기금운영계획 작성지침 통보**
　기획재정부장관 → 각 중앙관서
(3) **예산요구서의 작성 및 제출**: 각 중앙관서 → 기획재정부장관
(4) **예산의 사정**: 기획재정부
(5) **정부예산안의 확정 및 국회제출**
　기획재정부 → 국무회의 → 대통령 → 국회

10 [난이도 중]

해설

직위분류제의 구성요소

(1) **직위**: 1명의 공무원에게 부여할 수 있는 직무와 책임을 말한다. 일반적으로 직위의 수와 공무원의 수 일치한다.

(2) **직급**: 직위가 가지는 직무의 종류, 곤란성과 책임도가 상당히 유사한 직위의 군을 말한다. 직급의 수는 직위의 수보다 적다(동일한 직급에 속하는 직위에 대해서는 인사행정상 채용·보수 등을 동일하게 대우).

(3) **직렬**: 직무의 종류가 유사하나 그 곤란도, 책임의 정도가 상이한 직급의 군을 말한다.

(4) **직류**: 동일한 직렬 내에서의 담당분야가 유사한 직위의 군을 말한다(임용시험의 내용을 결정하고 보직관리를 하는 데 기준을 제시함).

(5) **직군**: 직무의 성질이 유사한 직렬의 군(집단)을 말한다(직위분류제의 가장 큰 단위).

(6) **등급**: 직무의 종류는 상이하지만 직무의 곤란도, 책임도와 자격요건이 유사하여 동일한 보수를 지급할 수 있는 모든 직위를 말한다(계급제의 1~9급에 해당).

11 [난이도 중]

해설

보건정책의 특성

(1) **시장경제원리 적용에 한계가 있다.**
보건분야는 일반정책과 달리 시장경제의 원리가 항상 적용되는 것이 아니다. 수요와 공급의 법칙에 의해 의료인력이 과다 공급되면 전체 국민의료비가 절감되어야 하나 현실은 그렇지 못하다. 또한 보건의료인력이 과다 공급된다 하더라도 타 분야로의 전용으로 불가능하여 국가적인 낭비를 초래하며 공급 부족 시에도 단기간에 인력을 공급할 수 없는 한계를 가지고 있다.

(2) **국가경제력과 밀접한 관련성을 가지고 있다.**
국가정책에서 보건정책의 우선순위는 대체로 경제력과 비례한다. 경제개발단계에서 보건정책은 우선순위가 그다지 높지 않다. 보건정책은 경제정책의 부산물 정도로 간주하는 경향이 있다. 따라서 보건정책은 경제발전 후의 관제로 미루어진다.

(3) **정책 파급효과가 광범위하다.**
보건의료서비스는 외부효과를 가지고 있기 때문에 보건정책은 국민 모두에게 지대한 영향을 준다. 보건정책의 대상은 국민 모두를 포함하고 있다고 해도 과언이 아니다. 보건정책은 효과의 범위가 광범위하고 파급기간도 장기간에 걸치기 때문에 국가의 적극적인 개입과 간섭이 정당화되고 있다.

(4) **형평성을 강조한다.**
일반정책과는 달리 보건정책은 효율성에 제한을 받는다. 즉 보건정책은 인간생명을 다루어야 하는 위험의 절박성 때문에 효율성보다는 형평성이 강조된다. 보건정책의 수립 시에는 특유의 형평성 문제로 인해 정책수단의 활용에 제한을 받는다.

(5) **보건의료서비스 욕구가 급속히 증가한다.**
소득과 의식수준이 향상되면 보건의료서비스에 대한 국민들의 요구는 급속히 증가한다. 또한 이러한 증가에 발맞추어 서비스 수준에 대한 요구도 급속히 변화한다. 국민들의 다양한 의료요구에 대한 정책 대처능력이 절실히 필요하다.

(6) **구조적 다양성을 가진다.**
보건의료부문은 구조적 연결고리가 다양하다. 보건의료부문은 학교교육, 건강보험, 참여주체의 다양성이나 정책, 재원관계 등을 총체적으로 고려해 보면 우리나라 정책 또는 사회경제부문에서 구조적으로 가장 복잡하고 해결하기 힘들게 서로 얽혀져 있다.

12 [난이도 중]

해설

④ 공식조직의 지배원리인 전통적인 조직원리는 조직의 합리성을 과도하게 추구한 나머지 인간의 성숙한 성격의 제반 욕구와 본질적인 괴리현상을 일으킨다.

아지리스의 미성숙 – 성숙이론은 인간이 미성숙에서 성숙의 단계로 발전하며, 공식조직에 초점을 맞춘 고전적 관리전략은 인간을 미성숙 상태로 조장한다고 비판한 이론이다. 인간을 미성숙 상태로 고정시키거나 조장하는 고전적 관리전략을 대체할 관리전략으로 모든 구성원들이 스스로 욕구를 충족시키고 성장·성숙의 기회를 얻을 수 있는 분위기를 조장해야 함을 강조하였다.

13 [난이도 중]

해설

① 군대식 조직으로서 업무의 결정과 실행을 담당하는 부서들만 있는 조직형태이다. – 라인조직

라인스탭조직

(1) 라인(Line)은 수직조직을, 스탭(Staff, 막료, 참모)은 수평조직을 의미한다.

(2) 조직의 규모가 커질수록 기존의 라인기능만으로는 모든 업무 수행이 불가능하므로 라인업무를 지원할 수 있도록 스탭 기능이 분화되어 발달한다.

(3) 라인스탭조직은 조직이 대규모화되는 초기상황, 경영환경이 안정적이고 확실성이 높은 상황에 효과적인 조직형태이다.

(4) 업무수행이 능률적으로 이루어지고 의사결정을 신속하게 하며 강력한 통솔력과 안정성을 확보할 수 있다.

(5) 기관장의 통솔범위가 넓어지고 전문지식을 활용할 수 있으며 객관적·합리적 의사결정이 가능해진다.

(6) 스탭 조직 내의 인사관계가 복잡해지고 권한과 책임을 둘러싼 라인과 스탭 간의 갈등과 알력이 커지면서 행정의 지연과 의사소통의 혼란이 초래될 수 있다.

14 [난이도 중]

해설

① **겸임**: 한 사람의 공무원이 직무내용이 유사한 둘 또는 그 이상의 직위를 부여하는 것

② **전보**: 동일한 직급으로 동일한 직류·직렬 내에서 직위만 바꾸어 옮겨가는 횡적·수평적 인사이동

③ **전직**: 동일한 직급으로 다른 직렬에 옮겨가는 횡적·수평적 인사이동. 직렬이 달라 업무의 성격이 다르기 때문에 전직시험을 별도로 치러야 함

④ **직무대리**: 공무원의 직급배정을 변경하지 않고 직급의 업무를 수행하게 하는 것으로, 상위직급에 결원이 있는 경우나 유고 시 하급자로 하여금 상급자의 직무를 대행하게 하는 방법으로 활용

15 [난이도 상]

해설

④ 사회보험의 대상은 질병 · 분만 · 산재 · 노령 · 실업 · 폐질로 국한되지만, 민간보험의 대상은 발생위험률을 알 수 있는 모든 위험이다.

사회보험과 민간보험의 유사점

(1) 실제로 보장내용에는 다소 차이점이 있지만 적용자에게 경제적 또는 의료적 보상을 해 준다.
(2) 위험분산을 통한 보험기능을 수행한다.
(3) 보험료 산정과 보험급여의 결정이 엄격한 확률계산의 기초 위에 이루어진다.
(4) 적용대상이 자산조사의 결과와 같은 자격조건에 의하여 제한되지 않으며 상호보완적인 기능을 수행한다.

16 [난이도 상]

해설

② 지역가입자의 경우에는 대상범위가 광범위하고, 소득의 형태가 다양하여 정확한 소득파악에 어려움이 있어 소득비례정률제 대신 보험료 부과점수(소득, 재산 등의 등급별 점수합)를 실시하고 있다.
③ 당해연도 보험료 예상수입액의 14%는 정부에서 지원하고 있다.
④ 당해연도 보험료 예상수입액의 6%는 건강증진기금에서 지원하고 있다.

17 [난이도 상]

해설

계층별 기획의 유형(적용범위별 유형)

(1) **정책기획(Policy Planning)**
 ① 기본적인 정치 · 경제 · 사회적 목표와 방침을 결정하는 정부의 가치판단적 기획
 ② 종합적 · 목표지향적 · 질적 · 이상적 기획
 ③ 정부가 수립하고 국회가 의결하는 법률의 형태
 ④ 기본적으로 가치의 변화를 시도
(2) **전략기획(Strategic Planning)**
 ① 정책기획의 하위 기획으로 제약조건하에서 성취 가능한 목표를 설정하는 기획
 ② 조직의 전반적인 방향에 대한 일반적인 지침을 제공
 ③ 조직 외부의 고객, 경쟁자 등 환경은 물론 내부 관리기능이나 부문들과의 연계와 참여가 필요
(3) **운영기획(Operational Planning)**
 ① 정책목표를 실행하는 기획
 ② 구체적 · 세부적 · 조작적 · 현실적 · 계량적 · 단기적 성격의 행정부 내부 기획
 ③ 행정부 내부통제 · 예산편성 · 심사분석(업무평가)의 기준

18 [난이도 하]

해설

(1) **비전**: 모든 사람이 평생건강을 누리는 사회
(2) **목표**: 건강 수명 연장, 건강 형평성 제고
 ① 건강수명: '30년까지 건강수명 73.3세 달성('18. 70.4세 → '30 추계치 73.3세)
 ② 건강형평성: 건강수명의 소득간, 지역간 형평성 확보
  ㉠ 소득 – 소득수준 상위 20%의 건강수명과 소득수준 하위 20%의 건강수명 격차를 7.6세 이하로 낮춘다.
  ㉡ 지역 – 건강수명 상위 20% 해당 지자체의 건강수명과 하위 20% 해당 지자체의 건강수명의 격차를 2.9세 이하로 낮춘다.
(3) **기본원칙**
 ① 국가와 지역사회의 모든 정책 수립에 건강을 우선적으로 반영한다.
 ② 보편적인 건강수준의 향상과 건강형평성 제고를 함께 추진한다.
 ③ 모든 생애과정과 생활터에 적용한다.
 ④ 건강친화적인 환경을 구축한다.
 ⑤ 누구나 참여하여 함께 만들고 누릴 수 있도록 한다.
 ⑥ 관련된 모든 부문이 연계하고 협력한다.
(4) **분과 및 중점과제**
 ① 건강생활 실천: 금연, 절주, 영양, 신체활동, 구강건강
 ② 정신건강 관리: 자살예방, 치매, 중독, 지역사회 정신건강
 ③ 비감염성질환 예방관리: 암, 심뇌혈관질환(심혈관질환, 선행질환), 비만, 손상
 ④ 감염 및 환경성질환 예방관리: 감염병예방 및 관리(결핵, 에이즈, 의료관련감염, 항생제 내성, 예방행태개선), 감염병위기대비대응(검역/감시, 예방접종), 기후변화성질환
 ⑤ 인구집단별 건강관리: 영유아, 청소년, 여성, 노인, 장애인, 근로자, 군인
 ⑥ 건강친화적 환경 구축: 건강친화적법제도 개선, 건강정보이해력제고, 혁신적정보기술의 적용, 재원마련 및 운용, 지역사회지원(인력,시설) 확충 및 거버넌스 구축

19 [난이도 중]

해설

그레샴(Gresham) 법칙

"악화가 양화를 구축한다."라는 그레샴 법칙이 여러 정책결정이나 기획에 적용 또는 반영되는 현상을 말한다. 불확실하거나 전례가 없는 상황에서 쇄신적이고 발전지향적인 비정형적 결정이 이루어져야 하나, 현실적으로는 특별한 노력이 요구되지 않은 정형화된 기획, 전례를 답습하는 기획이 우선적으로 행해지고 비정형적인 기획을 기피하는 현상을 말한다.

해설

② 만족의 정도는 극히 주관적이어서 보편성이 문제될 수 있다.

만족모형

(1) 인간이 완전한 합리성이 아닌 제한된 합리성을 가진 존재라는 것에 기초하여 현실적으로 만족할 만한 수준에서 결정된다는 이론으로 결정자의 개인적·심리적 차원(만족)에 치중하여 정책을 설명하고자 하는 모형이다.

(2) 실제 의사결정자는 모든 대안의 탐색이 아닌, 무작위적이고 순차적으로 몇 개의 대안만을 탐색하여 만족할 만한 결과를 가져오는 대안이 나타나면 의사결정 종료한다.

(3) 만족의 정도는 지나치게 주관적이다. 현실적으로 정책결정자의 만족수준을 측정할 객관적 기준도 모호하고 정책결정자마다 만족수준이 다르므로 모형을 일반화하기 곤란하다.

(4) 개인적 의사결정에 초점을 둠으로써 조직이나 집단의 의사결정에 적용하는 데 제약이 많다.

(5) 현실에 만족할 만한 수준에서 대안의 탐색이 그치므로 쇄신적이고 창조적인 정책은 고려되지 않아 보수주의에 빠질 우려가 있다.

제10회 최종 모의고사

01	02	03	04	05	06	07	08	09	10
④	②	①	②	②	④	①	③	①	③
11	12	13	14	15	16	17	18	19	20
④	②	①	③	②	①	①	③	③	①

01 [난이도 상]

해설

신고전적 조직이론(인간관계론)

(1) **사회적 인간관 전제**: 인간은 사회적 요인으로 동기가 유발(Y이론적 인간관)

(2) **사회적 능률성 중시**: 사회적 합목적성, 조직구성원의 만족도 등을 중시

(3) **비공식적 구조에 대한 관심**: 생산성을 좌우하는 것은 비공식의 사회적(집단적) 규범

(4) **사회적 욕구의 충족 등 비경제적 보상 중시**: 임금에 의한 보상이 아닌 일체감, 대인관계, 집단사기나 인간의 심리적 만족감이 생산성을 결정

(5) **인간중심의 유연한 관리 강조**: 구성원을 개체가 아닌 집단의 일원으로 인식하여, 인간중심적(민주적) 리더십, 집단적 유인구조, 비공식적 의사전달망 등을 중시

(6) **폐쇄적 환경관**: 경제적 환경이나 노동시장의 조건 등을 적절히 고려하지 못함

02 [난이도 상]

해설

① **간트차트(Gantt Chart)**: 작업계획과 실제의 작업량을 작업일정이나 시간으로 견주어서 평행선으로 표시하여 계획과 통제기능을 동시에 수행할 수 있도록 설계된 막대도표로 '막대그래프 차트'라고도 한다.

③ **과업평가검사기법(PERT)**: 불확실한 프로젝트의 일정, 비용 등을 합리적으로 계획하고 관리하는 기법으로 방대한 보건사업의 효율적 시간관리를 위해 이용되는 계량적인 방법이다. 사업을 여러 세부작업으로 구분한 후에 각 작업의 소요시간을 결정하고 세부작업 상호 간의 작업순서를 정하여 도표로 작성한다.

④ **의사결정나무(Decision Tree Analysis)**: 의사결정에서 나무의 가지를 가지고 목표와 상황과의 상호관련성을 나타내어 최종적인 의사결정을 하는 불확실한 상황하의 의사결정 분석방법이다.

대기행렬이론[Queuing(Waiting) Theory, 줄서기모형]

하나의 서비스 체계에서 고객의 수가 시간마다 일정치 않을 때 대기시간과 대기행렬을 최소화하기 위해 적정한 시설규모, 서비스 절차 등을 발견하기 위한 분석기법이다. 고객의 대기시간이 사회적 비용이라는 인식하에 서비스 시설의 감축 시 발생하는 대기비용과 서비스시설 확장 시 발생할 수 있는 유휴비용을 고려하여 비용의 합을 최소화하는 시설규모에 대한 해답을 분석하는 기법이다.

03 [난이도 상]

해설

① 의료서비스의 양과 질이 극대화된다. – 행위별수가제(사후 보상방식)
② 국민의료비 억제 효과가 크다. – 사전 보상방식
③ 예방의료에 대한 관심이 증대된다. – 인두제(사전보상방식)
④ 조직의료에 적합하다. – 봉급제(사전보상방식)

보상시기에 따른 분류

(1) **사전 보상방식(사전 결정방식)**: 수입이 고정되어 있어 진료자는 비용의 감소를 통해 이윤극대화를 꾀하거나 의료건수 사전 감소를 통해 효용극대화를 이루려 한다. 봉급제, 인두제, 총액계약제, 포괄수가제
(2) **사후 보상방식(사후 결정방식)**: 서비스 제공량에 따라 수입이 증가하므로 공급자는 되도록 많은 서비스를 비싸게 생산하여 공급하려 한다. 행위별수가제

04 [난이도 중]

해설

환자의 의무기록을 정기적·조직적으로 검토하여 환자진료의 질을 평가하고 문제점을 확인하여 해결하도록 조치함으로써 진료의 질적 향상을 추구하는 프로그램은 의무기록조사(의료감사, Medical Audit)으로 과정적 접근에 해당한다.

05 [난이도 하]

해설

조정의 원리(통합의 원리)는 공동의 목표를 달성하기 위하여 하위체계 간의 노력의 통일(행동통일)을 기하기 위한 과정으로 할거주의 해소를 위한 방안으로 현대조직의 최고·제일의 원리로 간주되고 있다.

조직의 원리

(1) **전문화의 원리**: 업무를 성질별로 구분하여 가급적 한 사람에게 한 가지 업무를 분담시키는 것이다.
(2) **조정의 원리**: 공동의 목표를 달성하기 위하여 하위체계 간의 노력의 통일을 기하기 위한 과정이다.
(3) **계층제의 원리**: 권한과 책임의 정도에 따라 직무를 등급화 시킨 피라미드 구조이며 상하계층 간에 직무상 지휘·감독관계에 서게 하는 것을 말한다.
(4) **통솔범위의 원리**: 한 사람의 상관이 몇 사람의 부하를 직접 적절하게 감독할 수 있는가를 의미한다.
(5) **명령통일의 원리**: 한 사람의 업무담당자는 직속상관에게만 명령을 받아 복종하여야 한다는 것이다.

06 [난이도 하]

해설

갑오경장(1894년, 고종31년): 내부(內部)에 위생국(위생과, 의무과) 신설. 최초의 근대적 의미의 보건행정기관으로 전염병의 예방 및 일체의 공중위생 업무에 관한 사항, 검역, 의약 업무를 담당(공중보건사업의 효시)

07 [난이도 중]

해설

> 「의료법」 제58조3(의료기관 인증기준 및 방법 등)의 1항의 사항 포함
> ① 환자의 권리와 안전
> ② 의료기관의 의료서비스 질 향상 활동
> ③ 의료서비스의 제공과정 및 성과
> ④ 의료기관의 조직인력의 관리 및 운영
> ⑤ 환자의 만족도

08 [난이도 상]

해설

(1) **의료인의 면허 취소(법 제65조)**
보건복지부장관은 의료인이 다음 각 호의 어느 하나에 해당할 경우에는 그 면허를 취소할 수 있다. 다만, ①의 경우에는 면허를 취소하여야 한다.
① 법 제8조 결격사유의 어느 하나에 해당하게 된 경우
② 자격 정지 처분 기간 중에 의료행위를 하거나 3회 이상 자격 정지 처분을 받은 경우
③ 제11조 제1항에(보건복지부장관은 보건의료 시책에 필요하다고 인정하면 의사, 조산사, 간호사 면허를 내줄 때 3년 이내의 기간을 정하여 특정 지역이나 특정 업무에 종사할 것을 면허의 조건으로 붙일 수 있다.) 따른 면허 조건을 이행하지 아니한 경우
④ 면허를 대여한 경우
⑤ 의료인과 의료기관의 장의 의무(일회용 주사 의료용품 재사용 금지)를 위반하여 사람의 생명 또는 신체에 중대한 위해를 발생하게 한 경우
⑥ 제27조제5항(누구든지 의료인이 아닌 자에게 의료행위를 하게 하거나 의료인에게 면허 사항 외의 의료행위를 하게 하여서는 아니 된다.)을 위반하여 사람의 생명 또는 신체에 중대한 위해를 발생하게 할 우려가 있는 수술, 수혈, 전신마취를 의료인 아닌 자에게 하게 하거나 의료인에게 면허 사항 외로 하게 한 경우
(2) **의료인 자격정지(법 제66조)**
보건복지부장관은 의료인이 다음 각 호의 어느 하나에 해당하면 1년의 범위에서 면허자격을 정지시킬 수 있다.
① 의료인의 품위를 심하게 손상시키는 행위를 한 때
② 의료기관 개설자가 될 수 없는 자에게 고용되어 의료행위를 한 때
③ 의료인과 의료기관의 장의 의무(일회용 주사 의료용품 재사용 금지)를 위반한 때
④ 진단서·검안서 또는 증명서를 거짓으로 작성하여 내주거나 진료기록부등을 거짓으로 작성하거나 고의로 사실과 다르게 추가기재·수정한 때
⑤ 제20조(태아 성 감별 행위 등 금지)를 위반한 경우
⑥ 의료기사가 아닌 자에게 의료기사의 업무를 하게 하거나 의료기사에게 그 업무 범위를 벗어나게 한 때
⑦ 관련 서류를 위조·변조하거나 속임수 등 부정한 방법으로 진료비를 거짓 청구한 때
⑧ 경제적 이익 등을 제공받은 때

09 [난이도 중]

해설

회계연도 개시 전까지 예산이 국회에서 의결되지 못할 경우 사용하는 예산으로는 잠정예산, 가예산, 준예산이 있다.
(1) **잠정예산**: 몇 개월분에 해당하는 일정 금액을 국고로부터 지출할 수 있도록 허가해 주는 제도
(2) **가예산**: 회계연도 개시 이전에 최초 1개월분의 예산을 국회의 의결로 집행할 수 있도록 하는 제도
(3) **준예산**: 정부가 국회에서 예산안이 의결될 때까지 전년도 예산에 준하는 경비를 지출할 수 있게 하는 제도

10 [난이도 중]

해설

관료제

관료제란 일정한 규칙의 지배를 받는 계층제적 형태를 가진 합법적이고 합리적인 복잡한 대규모 조직을 말한다. 계층적 형태를 띠고 합법적 지배가 제도화되어 있는 보편성을 지닌 안정적 조직이다.
(1) **순기능**
　① 공식적으로 문서화된 업무 절차의 정립
　② 지위에 따른 명확한 역할 구분
　③ 명령계통의 확립, 분명한 책임소재
　④ 능력원칙에 따른 지위분배원칙, 공정성
　⑤ 진급 또는 재직보장에 필요한 수단
　⑥ 고정된 급료의 보장과 능력에 따른 진급 보장
(2) **역기능**
　① 서면주의: 형식주의, 번문욕례, 형식적 측면만 지나치게 강조
　② 수단과 목표의 대치: 동조과잉(지나친 규칙·절차의 엄수), 규칙의 내면화
　③ 전문화로 인한 무능: 전문성에 의한 제약
　④ 현상 유지적 보수주의: 변화에 대한 저항
　⑤ 할거주의
　⑥ 인격적 관계의 상실
　⑦ 무사안일: 책임회피, 상관에 의존
　⑧ 폐쇄적인 특권 집단화
　⑨ 갈등조정 수단의 부족

11 [난이도 중]

해설

(1) **기획수립상의 제약요인**
　① 기획목표 설정상의 갈등과 대립
　② 미래예측의 곤란, 비용과 시간
　③ 자료·정보의 부족과 부정확성
　④ 개인적 창의력 위축
　⑤ 기획의 그레샴의 법칙
(2) **기획 집행상의 제약요인**
　① 기획의 경직성
　② 이해관계자의 저항

　③ 즉흥적·권위적 결정에 의한 빈번한 수정
　④ 자원배분의 비효율성
(3) **정치적·행정적 제약요인**
　① 기획능력 부족
　② 번잡한 행정절차와 행정조직의 비효율성
　③ 조정의 결여
　④ 기획과정의 참여 부족

12 [난이도 상]

해설

학자별 인간관의 비교

McGregor	X이론		Y이론		
Maslow	생리적 욕구	안전 욕구	사회적 욕구	존경 욕구	자아실현욕구
Alderfer	생존의 욕구	관계의 욕구		성장의 욕구	
Herzberg	위생요인		동기요인		
Argyris	미성숙인		성숙인		
Schein	합리적·경제적 인간관		사회적 인간관	자아실현적 인간관	복잡 인관
Likert	체제1 (수탈적 권위 체계)	체제2 (온정적 권위 체계)	체제3 (협의 체제)	체제4 (참여집단 체제)	
Ramos	작전인		반응인		괄호인

13 [난이도 상]

해설

테리스는 1980년 의료보장 재원의 종류를 중심으로 보건의료체계를 보건의료제공유형별로 공적부조형, 건강보험형, 국민보건서비스형의 3가지로 구분하였다.
(1) **공적부조형**
　① 보건의료서비스를 위한 재원을 정부의 조세에 의존(국민이 보건의료비를 조달할 능력이 없기 때문)
　② 정부가 제공하는 서비스는 일차보건의료 중심의 서비스(넉넉하지 못한 정부재원 때문)
　③ 해당 국가: 아시아, 아프리카, 남미 등
(2) **의료보험형**
　① 국민 스스로 의료비를 조달할 수 있는 제도
　② 의료보험(건강보험)을 통해 이루어짐(높은 소득수준 덕분)
　③ 해당 국가: 전국민의료보험을 실시하고 있는 독일, 프랑스, 일본, 한국 등
(3) **국민보건서비스형**
　① 건강권을 국민의 생존권적 기본권 중의 하나로 생각하는 국가에서 채택
　② 보건의료서비스의 수혜자는 전 국민이며 원칙적으로 모든 보건의료서비스는 무료(재원은 조세에서 조달)

③ 보건의료자원의 국유화
④ 해당 국가: 영국, 뉴질랜드, 이탈리아, 스웨덴, 덴마크, 노르웨이 등

14 [난이도 하]

해설

(1) **지역보건의료계획의 수립(「지역보건법」 제7조)**
    시·도지사 또는 시장·군수·구청장은 지역보건의료계획을 4년마다 수립하여야 한다.
(2) **지역보건의료계획에 포함되어야 할 사항**
    ① 보건의료 수요의 측정
    ② 지역보건의료서비스에 관한 장기·단기 공급대책
    ③ 인력·조직·재정 등 보건의료자원의 조달 및 관리
    ④ 지역보건의료서비스의 제공을 위한 전달체계 구성 방안
    ⑤ 지역보건의료에 관련된 통계의 수집 및 정리

15 [난이도 하]

해설

베버리지의 사회보장 원칙
(1) 정액급여의 원칙
(2) 정액기여의 원칙
(3) 행정책임통합의 원칙
(4) 급여 적절성의 원칙
(5) 포괄성의 원칙
(6) 피보험자분류의 원칙

ILO의 사회보장 원칙
(1) 대상의 보편주의 원칙
(2) 비용부담의 공평성의 원칙
(3) 급여수준의 적절성의 원칙

16 [난이도 상]

해설

① MBO는 환경에의 적응능력에 무관심하여 환경과 관리상황이 유동적인 경우 적용 곤란하다.

목표관리(MBO; Management By Objective)
(1) **개념**
    참여과정을 통해 조직단위와 구성원들이 실천해야 할 생산 활동의 단기적 목표를 설정하고 그에 따라 생산 활동을 수행하고 그 결과를 평가·환류 하는 관리체제이다.
(2) **운영요소**
    ① 참여적 관리: 조직구성원들은 목표성취를 위해 자발적으로 협조하고 합리적으로 행동함을 가정(Y이론적 인간관)하고 목표설정에서부터 환류과정에 이르기까지 모든 조직구성원이 상하계층에 관계없이 공동으로 참여(분권적 관리)한다.
    ② 구체적 목표설정: 계량적 단기목표 중시한다. 추상성을 띤 목표가 아니라 단기적이고 측정 가능한 생산목표(가시적·계량적·단기적·1차적 산출) 설정한다.

③ 운영상 상호의존성: 팀워크 및 협동적 노력의 중시한다. 조직단위 또는 개인의 활동에 이르기까지 조직의 하부층과 상부층이 다 같이 참여하여 공동으로 목표를 결정하고 그 업적을 측정·평가하는 방법으로서 하나의 목표성취를 위해 조직의 구성요소들이 상호의존적인 입장에서 팀워크를 이루면서 활동한다.
④ 평가 및 환류 강조: 결과지향적 관리기법으로 최종결과의 평가는 목표와 대비시키는 환류의 과정을 강조(결과지향적 관리, 목표의 효과성 제고)한다.

17 [난이도 중]

해설

강제배분법(Forced Distribution)은 도표식 평정척도법에서 나타나는 오차를 방지하기 위하여 성적분포비율을 미리 정해 놓고 성적에 따라 강제로 배분함으로써 종(鐘)형의 정상분포곡선이 되도록 하는 방법이다.
(1) **장점**: 상대평가로서 집중화·관대화의 오차를 방지한다.
(2) **단점**: 우수집단과 비우수집단 간의 평정 시 우수집단이 상대적으로 불이익을 받고 비우수집단은 불로이득이 발생한다.

18 [난이도 하]

해설

① **헬싱키 회의**: 제8차회의, 모든 정책에서 보건
② **멕시코시티 회의**: 제5차회의, 건강증진의 형평성 제고를 위한 계층 간 격차해소
③ **자카르타 회의**: 제4차회의, 건강증진은 가치 있는 투자
④ **방콕회의**: 제6차회의, 세계화 시대의 건강증진

19 [난이도 중]

해설

귤릭(Gülick)의 7가지 관리 기능(POSDCoRB)
(1) **기획(Planning)**: 정해진 목표나 정책의 합리적 운용을 위한 사전준비활동과 집행전략
(2) **조직(Organizing)**: 인적·물적 자원 및 구조를 편제하는 과정
(3) **인사(Staffing)**: 조직 내 인력을 임용·배치·관리하는 활동
(4) **지휘(Directing)**: 목표달성을 위한 지침을 내리는 과정
(5) **조정(Coordinating)**: 행동통일을 이룩하도록 집단적 활력을 결집시키는 활동
(6) **보고(Reporting)**: 보고하고 보고받는 과정
(7) **예산(Budgeting)**: 예산을 편성·관리·통제하는 제반활동

20 [난이도 상]

② 합리모형은 정치적 합리성은 고려하지 않고 경제적 합리성만을 추구한다.
③ 만족모형은 결정자의 개인적·심리적 차원(만족)에 치중하여 정책을 설명하고자 하는 모형이다.
④ 점증모형은 여러 대안을 포괄적으로 분석·평가하기보다는 현재의 수준보다 좀 더 향상된 수준에만 관심을 갖는다.

( )년 ○○공무원 ○급 공개경쟁채용 필기시험 답안지

컴퓨터용 흑색사인펜만 사용

책형	

	(필적감정용 기재)
	*아래 예시문을 옮겨 적으시오
	본인은 ○○○(응시자성명)임을 확인함
기 재 란	

성명	
자필성명	본인 성명 기재
응시직렬	
응시지역	
시험장소	

응시번호

⓪①②③④⑤⑥⑦⑧⑨
⑥⑦

생년월일

⓪①②③④⑤⑥⑦⑧⑨
⑤⑥⑦⑧⑨

※ 시험감독관 서명
(성명을 정자로 기재할 것)

적색 볼펜만 사용

문번	제 회			
1	①	②	③	④
2	①	②	③	④
3	①	②	③	④
4	①	②	③	④
5	①	②	③	④
6	①	②	③	④
7	①	②	③	④
8	①	②	③	④
9	①	②	③	④
10	①	②	③	④
11	①	②	③	④
12	①	②	③	④
13	①	②	③	④
14	①	②	③	④
15	①	②	③	④
16	①	②	③	④
17	①	②	③	④
18	①	②	③	④
19	①	②	③	④
20	①	②	③	④

( )년 ○○공무원 ○급 공개경쟁채용 필기시험 답안지

책형

컴퓨터용 흑색싸인펜만 사용

성명	
자필성명	본인 성명 기재
응시직렬	
응시지역	
시험장소	

(필적감정용 기재)
*아래 예시문을 옮겨 적으시오.

본인은 ○○○(응시자성명)임을 확인함

기재 란

응시번호

⓪①②③④⑤⑥⑦⑧⑨
⑥⑦

생년월일

⑤⑥⑦⑧⑨

※시험감독관 서명
(성명을 정자로 기재할 것)

적색 볼펜만 사용

제 회 (문번 1~20)

문번	①	②	③	④
1	①	②	③	④
2	①	②	③	④
3	①	②	③	④
4	①	②	③	④
5	①	②	③	④
6	①	②	③	④
7	①	②	③	④
8	①	②	③	④
9	①	②	③	④
10	①	②	③	④
11	①	②	③	④
12	①	②	③	④
13	①	②	③	④
14	①	②	③	④
15	①	②	③	④
16	①	②	③	④
17	①	②	③	④
18	①	②	③	④
19	①	②	③	④
20	①	②	③	④